... à Paris

Une actrice a disparu

Catherine BARNOUD
Philippe BEDEL

Sommaire

- Avant-propos _____ page 3
- Règle du jeu _____ page 5
- Une actrice a disparu _____ page 7
- Faites vos jeux _____ page 61
    - Questions de bon sens _____ page 62
    - Jeux de société _____ page 65
    - Sur le bout de la langue _____ page 79
- Solutions _____ page 86
- Lexique _____ page 90

A paraître :

Imaginez-vous... en Bretagne
Le Secret de la sirène

Conception graphique : J. Przybyszewski
Dessins : J. Mineraud

ISBN : 2.01.013618.7

© HACHETTE 1988, 79, boulevard Saint-Germain - F 75006 PARIS.

Tous droits de traduction, de reproduction et d'adaptation réservés pour tous pays. La loi du 11 mars 1957, n'autorisant, aux termes des alinéas 2 et 3 de l'Article 41, d'une part, que les « copies ou reproductions strictement réservées à l'usage privé du copiste et non destinées à une utilisation collective », d'autre part, que les analyses et les courtes citations dans un but d'exemple et d'illustration, « toute représentation ou reproduction intégrale ou partielle, faite sans le consentement de l'auteur ou de ses ayants droit ou ayants cause, est illicite » (alinéa 1er de l'Article 40).

Avant-propos

La lecture, en langue étrangère comme en langue maternelle, se développe toujours selon deux lignes parallèles. D'une part, le recours aux textes classiques, dont la consommation est de plus en plus forte, malgré les dires ; d'autre part, l'usage des formes modernes du récit, c'est-à-dire, au fond, l'adaptation des textes aux moyens par lesquels ils se diffusent. On a parlé, à propos de Faulkner, du surgissement de la tragédie grecque dans le roman policier. Le succès des récits du genre « jeu de rôles » permettrait de souligner le surgissement de la technologie dans la littérature.

L'histoire qui suit, première sans doute d'une série, voit son suspense accru par le découpage du texte en lamelles emboîtées. Le lecteur choisit lui-même la manière dont il consomme ces divers morceaux du gâteau textuel. À chacun son propre chemin de lecture. Cela fait longtemps que les pédagogues les plus dynamiques recommandent cette autonomie de l'apprenant.

Une femme, une actrice, a disparu dans Paris. On la cherche. Vous la cherchez. Vous ne la trouverez pas en lisant linéairement, comme d'habitude. La trouverez-vous en lisant le récit en pièces détachées ? En démontant et remontant le mécanisme mis en place par les auteurs ? Là est justement l'énigme.

Chemin faisant, vous aurez l'occasion de connaître Paris un peu mieux. L'histoire se passe en effet dans cette ville, en vraie grandeur.

Chaque élève lira seul le livre, par définition, puisque, à chaque paragraphe, le lecteur choisit librement sa voie. C'est l'exercice même de la lecture active. Ensuite, quand chacun aura lu, il sera possible et souhaitable que les lecteurs (élèves) discutent entre eux pour confronter leurs points de vue, échanger leurs impressions, commenter leurs choix.

Les auteurs, soucieux aussi de l'enseignement pratique, proposent à la suite du texte **un supplément pédagogique,** léger, astucieux, plein d'utilité. Travail de compréhension de ce qui a été lu, questions de vocabulaire et de grammaire, jeux de vérification (ou d'apprentissage...) des connaissances usuelles en civilisation, tout y est. Ce sont des exercices uniquement, avec leurs consignes et leurs modes d'emploi, c'est-à-dire ce dont on a toujours besoin dans une classe. L'apprenant solitaire, le lecteur, peut lui aussi les faire, ces exercices : ils sont conçus pour être employés en n'importe quelle circonstance (pédagogique ou non). Les solutions sont ensuite données.

Enfin, **un lexique** est fourni, justement pour faciliter la lecture sans briser le charme du récit. (Les mots expliqués sont signalés dans le texte par un astérisque : *.)

Apprendre en se distrayant, se distraire en apprenant, tel est le programme.

À vous, maintenant, le plaisir d'imaginer.

Louis Porcher

Règle du jeu

Pour mener à bien la lecture de ce livre, il vous faut connaître les règles essentielles du jeu. Vous, lecteur ou lectrice, serez vous-même le personnage principal : imaginez-vous en train de mener l'enquête, interrogeant l'entourage de l'actrice disparue...

Son producteur vous a fait confiance pour la retrouver : vous ne pouvez pas le décevoir et devez absolument aboutir dans vos recherches. De plus, une forte récompense vous sera attribuée si vous réussissez votre enquête...

Comment jouer ? C'est très simple. Chaque chapitre est numéroté et vous devez lire le chapitre auquel vous êtes renvoyé(e). Si vous avez plusieurs chemins possibles, vous devrez choisir celui qui vous paraîtra le meilleur pour aboutir dans vos recherches.

Par exemple :

> **Vous entrez voir le film** ■ 81
> **Vous avez perdu assez de temps
> et vous rentrez à l'hôtel** ■ 36

Selon votre choix, vous continuez la lecture par le chapitre 81 ou le chapitre 36 : vous décidez ainsi de la suite du récit.

Il est essentiel que vous lisiez exclusivement le paragraphe auquel vous êtes renvoyé(e) ; si vous ne respectez pas cette règle, le texte perdra tout son sens et l'intérêt du jeu sera diminué.

Les lieux que vous visiterez et les personnes que vous rencontrerez ne vous feront pas toujours progresser dans vos recherches. Il est possible que vous suiviez de fausses pistes ; dans ce cas, il vous faudra revenir en arrière et emprunter des voies que vous n'avez pas encore explorées. Pour cela, équipez-vous d'un papier et d'un crayon et notez les numéros des chapitres que vous avez lus. Plusieurs tentatives seront donc nécessaires pour trouver pourquoi l'actrice a mystérieusement disparu.

N'oubliez pas que les mots signalés par un astérisque (*) sont expliqués dans le lexique page 90.

Prologue

Vous êtes dans un avion qui vous mène à Paris. C'est pendant ce vol que vous apprenez la disparition de Camille Lhermite, une jeune actrice du cinéma français...

Vous avez surpris une conversation entre deux passagers bien informés : « L'actrice aurait disparu pendant le tournage de son dernier film, mais cette affaire reste secrète... Le producteur, Max Riboux, est particulièrement inquiet... Les recherches s'annoncent difficiles... Pourquoi l'actrice ne donne-t-elle pas signe de vie ? Est-ce que quelqu'un l'empêche de parler ? Où peut-elle être ? Pourquoi ne la voit-on plus dans les lieux qu'elle fréquentait habituellement ? Avait-elle des ennemis ?... »

Dès votre arrivée, vous réussissez à contacter le producteur du film. Vous le persuadez de vous confier l'enquête et il vous fixe rendez-vous dans son bureau.

Une actrice a disparu

1

Paris, le 21 juillet.
C'est par une chaude journée d'été que Max Riboux vous reçoit dans son bureau, au 80 avenue Marceau. C'est un homme d'environ cinquante ans, très grand et entièrement chauve*. Il vous invite d'un geste à vous asseoir et en fait autant. Il commence à parler tout en mâchonnant* un gros cigare :
« Quelle histoire, je n'y comprends rien ! Le tournage a débuté il y a un mois. Tout allait bien, et puis, il y a une semaine, Camille n'est pas venue aux studios. C'est là que l'on devait finir le film. Elle n'a donné aucun signe de vie : elle a tout simplement disparu. »
Max, de plus en plus nerveux, se lève et marche de long en large ; puis il s'arrête devant une fenêtre et tire le rideau. Son bureau donne sur la place de l'Étoile ; il aime regarder les centaines de voitures qui tournent sans cesse autour de l'Arc de Triomphe. Max s'éponge le front avec son mouchoir et reprend son récit :
« J'ai prévenu la police, engagé des détectives privés, mais ils n'arrivent à rien et le temps passe... C'est dramatique, on doit absolument terminer le film dans quinze jours, sinon... c'est la catastrophe, la ruine. Si vous ne la retrouvez pas, je n'ai plus qu'à... »

Vous lui coupez la parole ■ 23
Vous le laissez continuer ■ 60

2

« **Là,** tu exagères !
— Oh, c'est trop fort ! C'est fini, tu ne me verras plus jamais. Je pars.
— Non, attends ! Où vas-tu ?
— Quelque part où je pourrai t'oublier. Adieu Léon...
— Non, reviens ! Attends, je vais t'expliquer... »
On entend un claquement de porte, puis l'enregistrement s'arrête. Vous enlevez les écouteurs, retirez la cassette de l'appareil et dites au vendeur :
« Excusez-moi, je vais réfléchir. Je repasserai*. »
Vous sortez du magasin.
La disparition de Camille Lhermite est-elle liée à une déception amoureuse ? Pourquoi a-t-elle enregistré cette dispute ? Telles sont les questions que vous vous posez.

Vous allez voir « la voisine du premier étage » ■ 147
Vous téléphonez à Juliette ■ 67

3   **Vous** attendez une demi-heure. Vous réalisez qu'en restant ici, vous n'avez aucune chance de retrouver Camille et il est trop tard pour louer un costume. Vous demandez à plusieurs invités s'ils connaissent Camille. Personne ne semble la connaître.

Vous rentrez à votre hôtel ■ 159
Malgré l'heure tardive, vous téléphonez à Max ■ 101

4   **Vous** vous retrouvez au commissariat du quartier face à un inspecteur qui tire une rapide conclusion :
« Vous avez l'air d'avoir un peu trop bu... Vous cherchez un hôtel dont vous ne connaissez pas le nom... C'est louche* tout ça !
— Je vais vous expliquer. Je suis de passage à Paris. Je cherche l'hôtel... Belles-Vacances. Non, attendez, l'hôtel... »

Si vous vous souvenez du nom de l'hôtel ■ 162
Si vous ne vous souvenez pas du nom de l'hôtel ■ 171

5   **Après** les publicités, le film commence. Camille Lhermite apparaît pendant quelques minutes dans le rôle d'une institutrice. Une seule chose retient votre attention : c'est son accent méditerranéen. Vous ne savez pas si vous allez regarder le film jusqu'au bout : vous le trouvez compliqué et ennuyeux. Soudain, un des spectateurs se lève en criant :
« Remboursez* ! On n'a pas le droit de faire ça ! Remboursez ! »
Vous ne comprenez pas très bien ce que veut cette personne. Elle continue à protester :
« C'est une honte ! Remboursez ! »
Les autres spectateurs commencent eux aussi à s'énerver :
« Chut ! Dehors le râleur* !... Chut ! »
Le spectateur en colère finit par sortir de la salle.

Vous continuez à regarder le film ■ 79
Vous sortez pour savoir pourquoi le spectateur proteste ■ 97

6   **Vous** n'attendez pas d'être dehors pour regarder le message de Mme Irma. Vous êtes curieux(se) de savoir ce qu'elle a pu écrire. Vous sortez le papier quand une voix vous arrête :

« Malheur à vous si vous lisez ce message ici. Vous ne retrouverez jamais Camille Lhermite... Si vous ne suivez pas mes instructions, vous... »
    Vous sortez pour enfin lire ce message ■ 88
    **Vous ne pouvez pas vous empêcher* de rire
des menaces de Mme Irma ■ 68**

7

Vous présentez votre invitation au portier. Il vous regarde de la tête aux pieds et vous dit :
« Je suis désolé, je ne peux pas vous accepter dans cette tenue.
— Mais... Je ne comprends pas... Je suis déguisé(e).
— Ça, un déguisement ? Vous me prenez pour qui... Je ne peux pas vous accepter ici.
— Mais je suis invité(e), je vous assure que je ne suis pas un(e) vrai(e) punk.
— Nous ne voulons pas d'ennuis... C'est pas une boîte de nuit* ici... N'insistez pas. »
    Vous attendez dehors ■ 139
  Vous forcez le passage en poussant le portier ■ 109

8

Votre patience est récompensée : le journaliste sort enfin. Vous le suivez. Il descend la rue Soufflot, puis se dirige vers la station de RER*, en face du jardin du Luxembourg. Il y a beaucoup de monde, vous pouvez vous dissimuler* assez facilement et monter dans le même wagon que lui. Il descend aux Halles, vous le suivez toujours ; il vous amène jusqu'au Centre Georges-Pompidou. Le parvis est noir de monde : des spectateurs regardent un cracheur de feu, d'autres un clown, un groupe écoute un jeune musicien... Mais vous n'avez pas le temps de vous arrêter : le journaliste entre dans le Centre, prend l'escalier roulant jusqu'au deuxième étage et s'arrête à la bibliothèque. Il se rend au rayon cinéma et consulte quelques livres et des revues tout en prenant des notes. Finalement il ressort, côté rue du Renard, marche jusqu'au bureau de poste, place de l'Hôtel-de-Ville, et entre dans une cabine téléphonique.
    Vous entrez dans la cabine voisine ■ 16
  Vous attendez qu'il sorte pour continuer votre filature* ■ 12

9

Une vieille dame vous ouvre.
« Bonjour, que désirez-vous ?
— Bonjour... Je cherche Mlle Lhermite... C'est bien votre nièce ?
— Oui, c'est bien ça. Mais elle n'est pas là... Vous êtes un(e) ami(e) ?
— Heu.. Oui...
— Entrez. Vous voulez boire quelque chose ? Une tasse de thé ?
— Volontiers ... Merci... »
La vieille dame prépare le thé tout en continuant à discuter.
« Vous connaissez Camille depuis longtemps ?
— Non, pas très longtemps.
— Vous aussi, vous faites du cinéma ? »
Que répondez-vous ? ■ 45

10

Elle revient quelques secondes après.
« Effectivement, on nous a remis ce parapluie. Son propriétaire nous a contactés mais il n'a pas encore récupéré son bien*.
— Vous pouvez me donner son adresse ?
— Nous n'avons pas le droit.
— Je comprends, mais c'est très important.
— Je veux bien vous rendre service. Cette femme doit reprendre son parapluie cet après-midi. Vous pouvez l'attendre là sur ce banc, si vous voulez. C'est tout ce que je peux faire.
— Merci beaucoup. »
Vous vous asseyez et attendez ■ 152
Vous préférez attendre dans un café situé à côté ■ 40

11

Vous attendez dehors : il y a moins de risques qu'il s'aperçoive que vous le suivez. Après quelques minutes, il sort avec une cigarette aux lèvres et continue son chemin. Vous reprenez votre filature*. Il finit par s'arrêter devant un garage. Il entre dans le hangar.
Vous le suivez toujours ■ 62
Vous préférez retourner au café ■ 98

12

Vous n'avez pas le temps de vous cacher. Félix Poussin sort et se retrouve nez à nez avec vous. Il a l'air furieux.
« Vous êtes encore là ? Vous cherchez toujours Camille Lhermite ?

— Savez-vous que Camille Lhermite n'a jamais rencontré de journaliste dans un hôtel...
— Vraiment ? Et comment en êtes vous si sûr(e) ?
— Max Riboux m'a bien précisé que l'interview qu'elle vous a accordée a eu lieu dans sa loge.
— Vous êtes très fort(e), bravo !
— Votre piège était trop évident... À un de ces jours peut-être ! »
Vous le quittez, content(e) de cette petite revanche. Il est temps de visiter la loge de Camille.
>   Vous y allez en bus ■ 131
>   Vous y allez en métro ■ 168

Dédé commande deux kirs. Le garçon vous sert deux verres remplis d'une boisson rose. Dédé, l'air ravi*, vous dit :
« Goûtez-moi ça, vous m'en direz des nouvelles. »
Vous buvez quelques gorgées.
« C'est bon, mais qu'est-ce que c'est ?
— C'est de la crème de cassis et du vin blanc. »
Vous finissez votre verre et vous appelez le garçon :
« La même chose, s'il vous plaît ! »
Le garçon revient avec deux autres verres.
Dédé, entre deux gorgées, vous glisse :
« Ça se laisse boire*, non ? »
Vous hochez la tête en finissant votre kir. Après ce deuxième verre, vous avez la tête qui tourne un peu. Vous refusez le troisième verre que Dédé vous propose et vous vous levez.
>   Vous cherchez un taxi pour vous rendre à l'hôtel Beauséjour ■ 129
>   Vous préférez marcher un peu pour reprendre vos esprits ■ 143

Vous n'insistez pas et vous posez votre montre sur la table de nuit. Puis, vous vous endormez...
Quand vous vous réveillez, il fait nuit. Vous n'avez rien mangé et vous avez une faim de loup*...
Vous sortez de votre chambre.
>   Vous décidez d'aller dans un café en face de l'hôtel ■ 149
>   Vous décidez de chercher un restaurant ■ 172

15

« **Vous** avez un problème ? »
Vous vous retournez : c'est un agent de police.
« Heu non... Enfin, c'est-à-dire, je... »
Vous avez du mal à trouver les mots et cela le rend méfiant.
« Vous avez vos papiers ?
— Heu, oui. Voilà. »
Vous lui tendez votre passeport.
« Vous n'êtes pas français(e) ?
— Non.
— Et vous habitez où ?
— Je cherche... Heu... Je cherche mon hôtel, mais je ne me souviens plus de son nom.
— Je vois. Allez, suivez-moi. On va éclaircir ça*.... »

Vous suivez l'agent de police ■ 4
Vous tentez* de vous enfuir ■ 141

16

Vous collez votre oreille contre la cloison* et vous entendez la voix du journaliste :
« Allô, patron ?... Non, toujours aucun indice. Non, rien... Par contre, je crois avoir éliminé une personne qui pourrait devenir gênante... Je lui ai glissé le nom d'un hôtel bidon* dans la conversation : je suis sûr qu'elle est tombée dans le panneau*. Il lui faudra du temps pour s'apercevoir que je l'ai menée en bateau*... »
Vous savez désormais qu'il est inutile de vous rendre à l'hôtel... D'ailleurs, Max vous avait précisé que le journaliste avait rencontré Camille Lhermite dans sa loge...

Vous attendez qu'il sorte pour reprendre votre filature ■ 12
Vous allez voir la loge de Camille ■ 131

17

Vous prenez le métro jusqu'à Saint-Michel. Le quartier est très animé et vous trouverez certainement un restaurant à votre goût. Vous vous engagez dans les petites rues piétonnes d'où se dégagent des odeurs de cuisine grecque, de pizza, de friture.. Après quelques hésitations, vous entrez aux Trois-Canards. C'est un petit restaurant spécialisé dans la cuisine du Sud-

Ouest de la France. Vous commandez un cassoulet* toulousain et du vin de pays.
Vous réglez l'addition et...
> Vous rentrez à l'hôtel en taxi ■ 105
> Vous rentrez à l'hôtel en métro ■ 149

18

« **Ben** oui, j'ai l'oreille* moi... Je sais bien que vous n'êtes pas du coin*... Vous êtes un(e) de ses amis étrangers et elle vous prête son studio*... Vous l'avez connue là-bas ? Elle a de la chance ! J'aurais bien aimé voyager moi aussi...
— Ah oui... ?
— Vous allez pouvoir loger à l'œil*... Parce que l'hôtel, hein ! C'est pas donné* ! ... Ça coûte les yeux de la tête* ! »
Elle vous remet les clés en ajoutant :
« L'appartement est au deuxième étage, porte droite... Si vous la voyez, dites-lui qu'il y a des factures pour elle.
— D'accord... merci !
— Et essuyez-vous les pieds sur le paillasson, avant de monter... »
> Vous montez les deux étages et ouvrez la porte ■ 144

19

Vous sortez la photo de Camille et vous demandez au réceptionniste :
« Excusez-moi, cette femme n'a pas loué une chambre ici récemment ?
— Vous êtes de la police ?
— Non. C'est... personnel...
— Je suis désolé, je ne suis pas un bureau de renseignements.
— Ça ne fait rien. »
> Vous demandez une chambre à louer ■ 66
> Vous quittez l'hôtel pour téléphoner à Max ■ 91

20

Vous appuyez sur le bouton de la deuxième chaîne et vous vous installez confortablement dans un fauteuil. Le feuilleton diffusé ne vous intéresse pas car vous n'avez pas vu les épisodes précédents. En fait, vous n'avez pas très envie de regarder la télé.
> Vous remontez dans votre chambre ■ 90
> Vous sortez pour chercher un restaurant ■ 172

21 **Vous** entrez dans une pièce toute sombre juste éclairée par deux bougies posées sur la table. Mme Irma est assise, les yeux fermés.
Devant elle sont posés une boule de cristal, un jeu de tarot et un pendule. Au bout de quelques secondes, comme si elle sortait d'un rêve, elle vous adresse la parole :
« Bienvenue à vous, installez-vous. »
Vous lui dites bonjour en vous asseyant. Elle vous dévisage* bizarrement et vous dit :
« Je vous écoute, quel est votre problème ?
— Eh bien voilà… C'est-à-dire… Heu… Je cherche une personne… »
Vous n'avez pas le temps de continuer vos explications :
« Oui, je vois », dit-elle en fixant sa boule de cristal.
Que voit-elle ? ■ 94

22 « **Je** cherche une jeune femme nommée Camille Lhermite qui s'entraîne ici régulièrement.
— L'actrice ? Régulièrement, c'est beaucoup dire ! En général, elle vient ici pour éliminer les sucreries qu'elle a mangées.
— Elle en mange souvent ?
— Ça dépend. Le plus souvent, elle achète des gâteaux à la pâtisserie qui est de l'autre côté de la rue. Parfois, elle finit même de les avaler dans le vestiaire, avec une amie ! Après, elles font une heure d'exercice pour perdre leurs calories. En ce moment, elles ont l'air raisonnable : je ne les ai pas vues depuis au moins quinze jours. Remarquez, elles pourraient faire de la gym* même quand elles ne mangent pas de gâteaux… »
Vous prenez congé* du prof de gym. En sortant, vous vous faites bousculer* par un immense athlète.
Vous vous excusez ■ 70
Vous demandez des excuses ■ 50

23 **Vous** ne lui laissez pas le temps de finir sa phrase :
« Ce n'est pas comme ça que nous la retrouverons. Essayons d'être logiques. À votre avis, pour quelles raisons a-t-elle disparu ?… Ou pourquoi l'a-t-on fait disparaître ?
— Mais je n'en sais rien ! Je la connais à peine ; personne dans les milieux

du cinéma ne la connaît vraiment. Ce n'est pas une mauvaise actrice, un peu jeune peut-être ; en tout cas, elle n'a jamais eu de rôle important. Elle était discrète et tenait à sa vie privée. Elle ne jouait que dans des films à petit budget, avec des réalisateurs* pas très connus. Dans mon film *La Bouche de métro*, elle avait un vrai rôle pour la première fois. Grâce à moi, un journaliste est venu l'interroger au début du tournage*, dans sa loge*. »
Vous coupez la parole à Max.
    Vous lui demandez des précisions sur le passé de Camille ■ 42
    Vous lui demandez s'il a des photos de Camille ■ 75

24

Vous vous rendez compte que le journaliste s'est moqué de vous*. Il vous a parlé de cet hôtel pour vous mener sur une fausse piste, et vous y êtes allé(e), naïvement, sans réfléchir. Pourtant le producteur vous avait précisé que l'interview avait eu lieu dans sa loge !...
Soyez plus attentif(ve) la prochaine fois ! Cela vous évitera de perdre du temps.
    Vous vous rendez à la loge en bus ■ 131
    Vous vous rendez à la loge en métro ■ 168

25

Vous lui dites d'où vous venez et il vous répond :
« Ah ! j'en étais sûr ; l'accent, ça trompe pas ! »
Il vous fait un clin d'œil.
« Ça vous plaît la France ?
— Heu... Oui... Je cherche une fille... »
Vous lui montrez la photo de Camille.
« Ah... Vous avez pas de pot*, vous ! Elle venait tous les jours ici, à midi... Et puis... Depuis quinze jours, disparue, envolée... Remarquez, c'est une artiste, une actrice. Elle est drôlement bien cette petite ; j'ai vu un film où elle jouait... Après, je lui ai même demandé un autographe*... »
    Vous voulez voir l'autographe ■ 47

26

Vous composez le numéro de téléphone de Max. Il doit être absent, personne ne répond. Vous essaierez de le rappeler plus tard.
    Vous vous dirigez vers la table du consommateur ■ 122

27 **Vous** arrivez à l'hôtel près de la gare du Nord. C'est un petit hôtel modeste. Vous vous adressez au réceptionniste :
« Je cherche une femme qui a loué une chambre ici, il y a peu de temps.
— Elle était seule ?
— Oui, c'est ça.
— Alors, ça ne peut être que la locataire du n° 7. Mais elle n'est plus ici depuis une semaine.
— Elle n'a pas laissé d'adresse ?
— Non, elle n'a laissé qu'un parapluie avec une tête de crocodile.
— Je peux le voir ?
— Impossible : en voyant qu'elle ne revenait pas le chercher, je l'ai remis au bureau des objets trouvés, rue des Morillons.
— Tant pis. Merci quand même. Au revoir. »
Vous vous rendez au bureau des objets trouvés ■ 38
Vous préférez explorer la loge de Camille ■ 131

28 **Vous** composez le numéro de Félix Poussin.
« Allô ! Félix Poussin à l'appareil.
— Bonjour. Max Riboux m'a donné votre numéro de téléphone. J'aimerais vous poser certaines questions sur Camille Lhermite...
— Écoutez, vous pourriez d'abord me dire qui vous êtes ! Si vous cherchez des renseignements sur Camille, il est un peu tard : je l'ai retrouvée ce matin et Max m'a déjà remis la prime. »
Vous n'avez pas le temps de répondre. Le journaliste a déjà raccroché...
Vous avez perdu...
Fin

29 **Vous** appuyez sur le bouton de la troisième chaîne. Le film est déjà commencé. Vous vous asseyez confortablement dans un fauteuil. Vous regardez pendant une demi-heure, puis vous sentez que vous vous endormez.
Vous montez dans votre chambre ■ 90
Vous sortez pour aller au restaurant ■ 172

Vous rattrapez le client qui commence à s'éloigner.
« Excusez-moi, je vous ai entendu parler avec votre ami. Connaissez-vous Camille Lhermite ?
— Qui ?
— Vous avez bien parlé d'une femme qui vous a quitté...
— Une femme qui m'a quitté ? Vous avez rêvé...
— Écoutez, je sais que ça ne me regarde pas*, mais je cherche cette femme. Je crois que vous allez la voir...
— Je ne sais pas de quoi vous parlez. Vous voulez savoir où je vais ? Je vais voir si ma voiture est réparée... Si vous voulez des précisions, il s'agit d'une DS des années soixante. Voilà, vous êtes content(e) ?... Maintenant, fichez-moi la paix*... J'aime pas qu'on s'occupe de mes affaires.
— Heu... Excusez-moi... Je suis désolé(e)... Je... »
Vous comprenez que les deux hommes ne discutaient pas de Camille, mais d'une vieille voiture.
Vous retournez au café ■ 98

30

Vous vous demandez si vous n'auriez pas mieux fait de vous rendre au Muséum. Soudain, vous réalisez qu'aujourd'hui c'est mardi, jour de la fermeture des musées.
C'est donc sans hésitation que vous téléphonez à Juliette ■ 67

31

« **Merci.** Je voudrais offrir un gâteau à une jeune fille qui vient souvent ici. Elle est brune, très jolie ; elle a l'accent du Midi*.
— Ah, je vois : Mlle Lhermite. Elle aime tous les gâteaux, mais elle a un faible pour* les éclairs. Elle en fait livrer aussi à sa tante tous les jeudis... Ça doit être de famille !
— Je vais prendre deux éclairs. »
Pendant que la vendeuse emballe* les gâteaux, vous cherchez un moyen d'obtenir, sans attirer ses soupçons*, l'adresse de la tante de Camille.
« Oh ! J'allais oublier... Mlle Lhermite m'a chargé(e) de vous dire de ne pas livrer les gâteaux à sa tante jeudi... Elle sera absente. Si vous pouvez les livrer* aujourd'hui avant 4 heures...
— Il est trois heures et demie. J'envoie le livreur, il en a pour cinq minutes. »
Vous payez vos gâteaux et sortez ■ 160

32

33 **Vous** lui demandez :
« Vous attendez quelqu'un ? »
Il vous répond dans une langue que vous ne connaissez pas ; vous vous excusez. Vous observez l'autre visiteur ; c'est sûrement lui qui a donné rendez-vous à Camille. Il regarde sa montre et sort du musée.
Vous le suivez ■ 59

34 **À** l'entrée du gymnase, un colosse* en survêtement vous demande votre carte de membre du club. Vous lui expliquez que vous venez pour la première fois et il vous laisse entrer. Vous vous asseyez sur un banc et assistez à la fin d'un cours. Une dizaine de personnes suivent les mouvements que le prof* exécute : bras en l'air, tête penchée en avant, bras sur le côté... Au fond de la salle, d'autres personnes s'entraînent avec des appareils de musculation*. L'une d'elles soulève d'énormes haltères en grimaçant et en soufflant très fort.
À la fin du cours, tout le monde a l'air épuisé.
Vous vous présentez au professeur ■ 22
Vous vous adressez à un élève ■ 39

35 **Le** Muséum se situe dans le Jardin des plantes. Pour vous y rendre le plus vite possible, vous prenez le métro jusqu'à Austerlitz. Il vous faut traverser une partie du jardin et passer devant les grandes serres qui abritent les plantes exotiques. Vous arrivez devant l'entrée. La porte est fermée et vous pouvez lire : « Ouvert tous les jours de 10 h à 17 h 30. Fermé le mardi. » Vous avez oublié que le mardi est le jour de fermeture des musées... Vous auriez mieux fait de téléphoner à Juliette. Vous n'avez plus qu'à attendre le lendemain... Que de temps perdu !
Vous regagnez* votre chambre d'hôtel ■ 110

36 **À** l'hôtel, vous vous apercevez que vous n'avez plus aucune piste à suivre.
Vous téléphonez à Max
qui a peut-être un nouvel indice intéressant ■ 91

37

Vous montez la rue Clément-Marot, mais vous ne voyez toujours pas la voiture. Vous prenez une petite rue à droite qui vous ramène au croisement. Cette fois, vous tournez à gauche. Vous apercevez enfin la voiture noire garée sur le trottoir, à l'angle de la rue Clément-Marot et de la rue Pierre-Charron. Vous payez le chauffeur et vous descendez à toute vitesse. Vous vous apercevez que la voiture est vide. Vous regardez autour de vous : personne. Vous êtes sur le point de partir quand vous sentez quelqu'un vous taper sur l'épaule.
Vous vous retournez brusquement ■ 96

38

Vous vous adressez à une employée assise derrière un guichet :
« Je cherche une femme qui a perdu un parapluie, vous pouvez me renseigner ?
— Ici, nous ne recevons que des objets... Pas des personnes !
— Oui, je sais, mais... Je crois qu'on vous a remis son parapluie...
— Des parapluies ! Nous en recevons des dizaines tous les jours...
— Oui, mais celui-ci est particulier : la poignée est ornée d'une tête de crocodile.
— Effectivement, ce n'est pas courant. Attendez ici un instant. »
L'employée disparaît.
Vous attendez ■ 10

39

« **Excusez-moi**. Je cherche une jeune femme nommée Camille Lhermite.
— Camille ? Oui, elle s'entraîne ici, mais je ne l'ai pas vue depuis au moins quinze jours... Elle est sans doute en vacances... Allez voir le prof, il pourra peut-être vous renseigner... »
Vous vous présentez au professeur ■ 22
Vous sortez de la salle de gymnastique ■ 146

40

Quand vous sortez, il est 14 heures. Le café est juste en face du bureau des objets trouvés. Vous pouvez observer toutes les allées et venues*. Au bout d'une heure, vous n'avez toujours pas vu Camille. Vous attendez jusqu'à 16 heures, puis vous décidez de retourner voir l'employée.
« Excusez-moi, j'attends depuis deux heures et je n'ai pas vu sortir la femme qui devait prendre son parapluie.

— Mais elle est passée il y a une heure.
— Vous êtes sûre ? Je ne l'ai pas vue.
— Vous n'avez pas dû faire attention.
— Tant pis. Merci. »
Vous vous rappelez que vous avez quitté votre place pour téléphoner ; Camille est sûrement passée à ce moment précis.
Vous avez perdu du temps pour rien.

Vous vous rendez à la loge ■ 131

41 **Vous** suivez l'homme en marchant à quelques mètres derrière lui. Il entre dans un bar-tabac.

Vous attendez dehors ■ 11
Vous entrez derrière lui ■ 132

42 « **À** part ça, que savez-vous d'elle, de sa vie ?
— Peu de choses, je vous l'ai dit. Elle a vingt-cinq ans. Elle est discrète : elle ne parle pas beaucoup. Je crois qu'elle venait de province. Elle est arrivée à Paris il y a quelques années. Elle a fait un peu de théâtre, des petits boulots*, de la figuration, et puis elle a décroché* des petits rôles. Alain Levasseur, le metteur en scène, l'a remarquée et il a eu l'idée de lui donner le rôle principal du film. Moi, j'étais contre ce choix : je préfère les acteurs confirmés*, c'est plus sûr. J'avais raison : si on avait engagé Sophie Boneuil ou Cléo Laval, on n'en serait pas là ! »

Suite de la conversation ■ 75

43 **C'est** une femme qui a laissé le troisième message :
« Allô ! Juliette à l'appareil. Ça fait longtemps qu'on n'a pas fait d'exercice toutes les deux... On pourrait passer au Gymnase Club cette semaine. Si tu es d'accord, téléphone-moi au 42.25.30.35 jusqu'à 10 heures le matin et entre 17 et 18 heures. À bientôt ! »
C'est le dernier appel enregistré. Vous constatez qu'aujourd'hui mardi, il ne vous reste plus que deux jours pour retrouver Camille. Il est déjà 16 h 40 :

vous ne pouvez plus vous permettre de perdre une minute. Vous pensez que la solution pour perdre le moins de temps possible est :
    Attendre 17 heures pour téléphoner à Juliette ■ 31
    Aller au Muséum (Si vous partez tout de suite,
    vous pourrez y être avant 17 h 30) ■ 35

44

Vous êtes à quelques mètres de la voiture noire quand elle tourne brusquement et quitte l'avenue George-V sur laquelle vous vous trouvez. Le chauffeur de votre taxi réagit trop tard et rate la rue Marbeuf. Une marche arrière rapide et il rejoint la bonne direction... mais la voiture a disparu. Vous arrivez à un croisement.
    Vous conseillez au chauffeur de prendre à droite ■ 37
    Vous lui conseillez de prendre à gauche ■ 87

45

« **Non,** pas du tout ; je suis journaliste.
— Vous avez raison. Le métier d'acteur est trop dur. Ma nièce est très courageuse. Toute la famille a essayé de la décourager, mais c'est vraiment ça qu'elle voulait faire. Moi, je l'ai toujours soutenue*. Quand elle est montée à Paris, je l'ai hébergée*. Je lui remontais le moral*. Je crois qu'elle m'aime bien. Elle me fait toujours des cadeaux, elle m'offre des gâteaux, des chocolats. Tenez, regardez ça ! »
    Que vous montre la tante ? Pour le savoir ■ 53

46

Vous tournez et retournez le foulard rouge entre vos mains. Il est désespérément uni, sans aucune marque, ni aucun signe particulier. Non, ce foulard ne peut vraiment pas vous être utile.
    Regardez de plus près le ticket de métro ■ 58
    Examinez les pochettes d'allumettes ■ 120
    Si vous avez déjà tout observé ■ 86

47

Il sort un morceau de papier chiffonné de son portefeuille. Vous pouvez lire : « Pour Dédé, amitiés, Camille Lhermite ». Vous retournez le papier, il s'agit d'une note d'hôtel. Vous en retenez mentalement le nom — Hôtel Beauséjour, 55 rue du Chemin-Vert — ainsi que la date, le 15 juillet.

L'habitué vous confie :
« C'est super, non ? J'avais rien pour écrire ; alors elle a sorti ce bout de papier de sa poche et son crayon pour les yeux... Tiens ! Je vous offre un kir, je suis sûr que vous n'en avez jamais bu. »

> Vous êtes curieux(se) de goûter cette boisson et vous acceptez ■ 13
> Vous préférez aller directement à l'hôtel Beauséjour ■ 52

48

Vous allez au salon vous détendre* un moment : cette journée a été épuisante*. Il n'y a personne dans la pièce. Vous mettez la télévision en marche.

> Vous choisissez la première chaîne ■ 148
> Vous choisissez la deuxième chaîne ■ 20
> Vous choisissez la troisième chaîne ■ 29

49

Vous entendez une voix à l'autre bout du fil : « Au quatrième top, il sera exactement 13 heures 26 minutes. Top, top, top, top. 13 heures 26 minutes et 10 secondes. Top... »
L'horloge parlante !
Vous remettez votre montre à l'heure et vous raccrochez, déçu(e) par cette fausse piste.

> Examinez le foulard ■ 46
> Observez les pochettes d'allumettes ■ 120
> Si vous avez déjà tout examiné ■ 86

50

Vous faites remarquer au sportif qu'il vous a bousculé(e).
« Hé ! Vous pourriez vous excuser !
— Hein ? C'est à moi que vous parlez ?
— Oui, vous m'avez bousculé(e).
— Quoi ? C'est vous qui m'êtes rentré(e) dedans. Vous êtes gonflé(e)* ! »
Il vous empoigne, vous soulève et vous jette à terre.
« Voilà, on est quitte, mauviette*... »
Le sportif sort de la salle. Le professeur vous aide à vous relever, mais votre pied enfle très vite et il constate que vous vous êtes foulé la cheville*. Il

vous fait un bandage et vous raccompagne à votre hôtel en voiture. Il vous recommande d'éviter de marcher pendant une semaine.
Vous devez abandonner votre enquête.
Fin

51 **Vous** forcez un peu. Le tiroir résiste. Vous finissez par tirer sur la poignée d'un coup sec : le tiroir s'ouvre.
À l'intérieur, vous trouvez un journal plié en quatre. Pour vous changer les idées,
Vous l'ouvrez aux pages des petites annonces ■ 154
Vous cherchez les mots croisés ■ 56

52 **Vous** vous excusez auprès de Dédé : vous goûterez le kir une autre fois. Vous prenez un taxi jusqu'à l'hôtel Beauséjour, proche du cimetière du Père-Lachaise. C'est un vieil hôtel de style 1900 ; vous entrez dans un immense hall couvert de boiseries. Vous suivez un long tapis qui vous mène devant la réception, puis vous vous adressez à l'employé derrière le guichet.
Vous le questionnez au sujet de Camille ■ 19
Vous lui demandez une chambre pour la nuit ■ 66

53 **Elle** vous montre un tableau juste au-dessus de votre tête : c'est le portrait de Camille.
« Elle me l'a offert récemment, pour mon anniversaire. Il est ressemblant, n'est-ce pas ? »
Vous regardez le portrait. En vous approchant, vous pouvez lire la signature du peintre : « J. Dumesnil ».
« Qui est ce peintre ?
— C'est un jeune artiste qui est souvent place du Tertre, mais je crois que Camille a posé* chez lui... »
Vous buvez votre thé sans parler de la disparition de Camille. Vous quittez la vieille dame en la remerciant.
Vous vous rendez place du Tertre ■ 108
Vous consultez le Minitel* pour avoir l'adresse de J. Dumesnil ■ 112

54 **Vous** commencez à comprendre. Vous reprenez les indications de Mme Irma : après tout, elle ne vous a peut-être pas écrit n'importe quoi ! Vous remontez la rue et vous arrivez rue de Madrid. Vous continuez et vous tombez sur* la rue de Lisbonne. Vous descendez et voilà la place de Rio... « célèbre pour son carnaval » ! En continuant tout droit, vous croisez la rue Rembrandt, « le peintre ». Vous prenez cette rue et vous passez devant un petit cinéma ; vous levez machinalement la tête : l'affiche du film *Une nuit comme une autre* est collée sur le mur. Sous les noms des acteurs principaux, vous lisez le nom de Camille Lhermite mentionné en petits caractères. Mme Irma ne vous a pas menti : en entrant dans la salle, vous pourrez voir Camille... sur un écran !
Voilà une voyante bien au courant des programmes de cinéma !
Vous entrez voir le film ■ 81
Vous avez assez perdu de temps et vous rentrez à l'hôtel ■ 36

55 « **Excusez**-moi. Vous n'auriez pas vu une gitane sortir il y a quelques instants ?
— Non. Vous l'avez perdue ?
— Oui, elle était avec moi il y a une minute.
— Allez voir à la sortie. Elle est peut-être allée prendre l'air* : il fait une telle chaleur ici ! »
Vous vous dirigez vers la sortie ■ 64

56 **Pas** de chance : la grille est déjà remplie au stylo rouge.
Vous cherchez les petites annonces ■ 154
Vous sortez pour aller au restaurant ■ 172

57 « **Vous** ne le connaissez sûrement pas bien. Max est trop sûr de lui : il me traite comme une gamine* irresponsable, comme tous les gens qui travaillent avec lui. Dès que quelque chose ne va pas, il menace de renvoyer tout le monde, pique des colères* en disant avoir engagé une bande d'incapables... Bref, il empêche tout le monde de travailler correctement. Il y a une semaine, il s'en est pris à moi*, me menaçant de me mettre à la porte* parce que j'avais oublié mon texte. Je l'ai pris au mot* en disparaissant, histoire de lui montrer que les acteurs sont aussi indispensables que les

producteurs. Voilà, ce n'est pas plus compliqué que ça. Je n'ai pas été enlevée, je n'ai pas non plus sacrifié ma carrière pour un grand amour…
— Mais vous ne pouvez pas laisser tomber* l'équipe de tournage, alors que le film est presque fini…
— Non, évidemment. Même si vous ne m'aviez pas retrouvée, je serais réapparue demain… J'espère que Max vous paiera bien pour ma « capture* »…
— Mais si vous me dites que vous reprenez le tournage demain…
— Oui, mais Max ne le sait pas. Je peux lui faire croire que c'est vous qui m'avez convaincue de finir le film. Je vous ai donné du fil à retordre*, ça mérite une récompense, non ? »

Fin

Épilogue.

Le lendemain, Max ne sait plus s'il doit piquer une colère ou s'il doit sauter de joie. Son film pourra être achevé dans les délais.
Il vous remet la récompense… en se demandant s'il n'aurait pas mieux fait de vous promettre un peu moins.
Vous prenez congé de Max en vous demandant si « la petite blague* » a vraiment servi à quelque chose…

Vous prenez le ticket de métro ; en le retournant, vous remarquez que des chiffres sont inscrits au crayon : 46.99.84.00.
« Sûrement un numéro de téléphone », pensez-vous. C'est peut-être une piste…

Vous composez aussitôt le numéro de téléphone ■ 49 ■ 58

L'homme traverse le Jardin des plantes, prend un bus et descend une dizaine de stations plus loin. Il se dirige d'un pas rapide vers un lieu que vous connaissez bien : la rue des Francs-Bourgeois. Il s'arrête au numéro 18 et entre dans l'immeuble. Vous attendez dehors. Vous voyez à travers la porte vitrée qu'il dépose une enveloppe dans la boîte aux lettres de Camille, puis il ressort d'un pas toujours rapide. Vous entrez à votre tour ; après quelques efforts, vous réussissez à saisir l'enveloppe. Vous sortez rapidement avant que la concierge ne pointe le bout de son nez*. Vous ouvrez l'enveloppe.

Pour voir le contenu de l'enveloppe ■ 102 ■ 59

60

« **Je** n'ai plus qu'à m'attacher une pierre autour du cou et à me jeter dans la Seine...
— Ce n'est pas le meilleur moyen de la retrouver. À votre avis, pourquoi a-t-elle disparu ?
— Je n'en sais rien, je la connais très mal ; personne dans les milieux du cinéma ne la connaît vraiment. Je n'aurais jamais dû accepter de la faire jouer, elle est trop jeune. Dire que c'est grâce à moi qu'elle a eu ce premier rôle... Un journaliste l'a même interrogée dans sa loge*, pour une revue de cinéma... Et c'est en disparaissant qu'elle me remercie...
— Elle n'a pas disparu volontairement... !
— Je n'en sais rien... Mais à cause d'elle je suis dans le pétrin*... »

Vous lui demandez des précisions sur l'actrice ■ 42
Vous lui demandez s'il a des photos de l'actrice ■ 75

61

Vous prenez l'autobus en direction de la porte de Clignancourt qui se situe à deux pas des studios. Vous en profitez pour regarder les photos de Camille Lhermite : elle est vêtue d'un manteau de fourrure, elle est brune, les cheveux raides et courts ; ses yeux sont très noirs, elle est très jolie. Vous descendez du bus, vous marchez un peu en longeant le marché aux puces, puis vous arrivez aux studios. Ils sont grands, mais vous trouvez facilement la loge n° 5. Grâce à la clé que vous a remise Max Riboux, vous ouvrez la porte. Vous entrez dans une pièce sombre. En cherchant à tâtons*, vous trouvez l'interrupteur*. Une ampoule pendue au plafond éclaire faiblement la pièce.

Pour continuer votre visite, rendez-vous ■ 114

62

Il s'adresse au mécanicien qui est seul dans le garage. Vous êtes à quelques mètres derrière eux. Vous faites semblant de consulter les tarifs des réparations affichés sur un mur, mais vous écoutez attentivement la conversation.
« Alors, vous vous êtes occupé de ma voiture ?
— Vous savez, c'est un vieux modèle. Il faut retrouver les pièces, ça prend du temps. À votre place, j'en rachèterais une autre, j'ai de bonnes occasions* à vous proposer...
— Pas question, je suis trop attaché à celle-là.
— Ça vous regarde*. Mais je vous préviens, ça risque d'être long et de vous coûter cher.

— Ça m'est égal, pourvu qu'elle recommence à marcher un jour...
— D'accord. Mais c'est pas la peine de repasser avant quinze jours ; le temps que je trouve les pièces... »
Vous écoutez la suite de la conversation ■ 111

63

Le cinéphile vous conduit chez lui : il habite une rue calme à deux pas du parc Monceau. Il vous introduit dans une grande pièce tapissée* d'affiches de cinéma et de photos d'acteurs.
« Voilà mon petit musée. »
Il commente aussitôt les photos :
« Ici, vous reconnaissez sûrement Charles Aznavour dans *Paris au mois d'Août*. Là, c'est François Truffaut en 1984, peu avant sa mort. Ici, une photo prise par moi-même pendant le tournage de *Mélo* ... Je m'étais fait passer pour un électricien... »
Si vous le laissez continuer, il risque de commenter toutes les photos... Vous l'interrompez ■ 170
Vous préférez ne pas l'interrompre ■ 116

64

Vous avez du mal à rejoindre la sortie : il y a de plus en plus de danseurs. Vous arrivez quand même à vous faufiler* en bousculant les gens. Enfin ! Vous êtes dehors.
Vous regardez à droite, puis à gauche... Oui ! C'est elle ! Vous reconnaissez sa silhouette au bout de la rue ; elle s'éloigne d'un pas rapide.
Vous courez ; vous êtes à peine à quelques dizaines de mètres d'elle quand elle monte dans une voiture noire qui démarre aussitôt.
Vous cherchez un taxi ■ 150

65

Vous vous demandez ce que vous êtes venu(e) faire ici. Cette situation vous met vraiment en colère. Vous vous levez et sortez sans donner d'explication. Mme Irma tente de vous calmer.
« Revenez ! Calmez-vous ! J'ai des révélations à vous faire*... »
Vous n'écoutez pas, vous claquez la porte et vous sortez.
Si vous n'avez pas encore vu le journaliste, vous lui téléphonez ■ 161
Vous téléphonez à Max qui a peut-être un nouvel indice à vous communiquer ■ 91

66

« **Je** voudrais une chambre pour la nuit.
— À quel nom ? », vous demande-t-il en ouvrant le registre.
Au moment où vous allez lui répondre le téléphone sonne. Le réceptionniste décroche :
« Allô, oui... Oui, j'arrive tout de suite, monsieur. »
Il raccroche et s'excuse :
« Je suis désolé : le client du n° 8 a un petit problème. Je n'en ai pas pour longtemps. »

        Vous attendez qu'il revienne ■ 83
    Vous en profitez pour feuilleter le registre ■ 134

67

« **Allô,** qui est à l'appareil ? »
Vous lui dites votre nom en ajoutant :
« Je cherche à joindre Camille Lhermite, c'est une amie à moi. Savez-vous où je peux la trouver ?
— Non. Aucune idée. Je n'ai aucune nouvelle d'elle.
— Quand l'avez vous vue pour la dernière fois ?
— Il y a quinze jours. C'était au Gymnase Club des Champs-Élysées. Nous nous entraînons souvent ensemble... C'est plus facile à deux !
— Je vous remercie. Si vous avez de ses nouvelles, rappelez-moi au 49.55.58.19, le soir.
— D'accord. Si vous la voyez, dites-lui de me rappeler aussi.
— Au revoir.
— À bientôt. »

    Vous vous rendez au Gymnase Club des Champs-Élysées ■ 34

68

Vous ne riez pas lontemps. Mme Irma est furieuse. Elle vous arrache le message des mains et le déchire. Vous n'avez pas eu le temps de le lire. Elle vous fusille du regard* ; vous préférez partir sans protester. Une fois dehors...

    Vous téléphonez au journaliste (si vous ne l'avez pas encore vu) ■ 161
    Vous téléphonez à Max qui a peut-être un nouvel indice ■ 91

69

Vous faites signe à un taxi qui passe dans la rue. Vous montez* à l'arrière en indiquant où vous allez. Le chauffeur emprunte le boulevard Haussmann.

À la place de la République, vous êtes coincé(e) dans un embouteillage. Vous préférez alors descendre et continuer à pied : vous êtes à votre hôtel en quelques minutes.
Mais vous vous rendez compte que vous avez perdu beaucoup de temps et que vos recherches n'ont abouti à rien…
    Vous contactez le journaliste (si vous ne l'avez pas encore fait) ■ 161
    Vous téléphonez à Max qui a peut-être un nouvel indice ■ 91

70

Vous vous excusez. L'athlète vous regarde méchamment, puis il continue sa route sans rien dire.
    Vous allez à la pâtisserie ■ 113
    Vous le suivez ■ 167

71

L'hôtel Beauséjour est un vieil hôtel de style 1900. Vous entrez dans un hall couvert de boiseries. Vous vous dirigez vers la réception, puis vous vous adressez à l'employé derrière le guichet.
    Vous le questionnez au sujet de Camille ■ 19
    Vous lui demandez une chambre pour la nuit ■ 66

72

Vous lui montrez la photo de Camille.
« Ne vous énervez pas ! Il fallait le dire ! Voyons… Comme c'est étrange !
— Vous la reconnaissez ?
— Non, je ne l'ai jamais vue. Je vais consulter mon pendule*. »
Elle fait tourner son pendule au-dessus de la photo et dit :
« C'est une actrice de cinéma, n'est-ce pas ?
— Heu… Oui, c'est ça. »
Vous ne croyez pas au pouvoir de cette voyante, et vous êtes sûr(e) qu'elle connaît Camille.
« Son nom doit commencer par C.
— C'est exact.
— On ne peut rien me cacher. Vous voulez voir cette personne ?
— Oui, c'est pour ça que je suis ici.
— Cette personne se porte bien. Vous pourrez la voir si vous suivez les instructions que je vais inscrire sur cette feuille de papier. »
    Vous attendez que Mme Irma écrive ses instructions ■ 135
    Vous avez assez entendu de sottises* et vous partez ■ 65

73 **Vous** faites rapidement l'inventaire du contenu de la valise : quelques vêtements, une tablette de chocolat, une revue de cinéma, un nécessaire de toilette, un réveil de voyage, une cassette. Vous mettez la cassette dans votre poche, refermez la consigne et sortez de la gare.
Comment écouter cette cassette sans magnétophone ? ■ 115

74 **Votre** café est bouillant et vous demandez au garçon d'ajouter un peu d'eau froide. Vous le buvez d'un trait.
Vous vous dirigez vers le client que le serveur vous a indiqué ■ 122
Vous préférez téléphoner à Max
qui a peut-être d'autres indices ■ 26

75 « **Vous** avez des photos d'elle ?
— Tenez, voilà des photos du tournage, gardez-les. J'ai aussi les clés de sa loge. Je vous les donne, mais je vous préviens : vous n'y trouverez rien d'intéressant, elle est presque vide. Voilà aussi la carte de visite de Félix Poussin, le journaliste qui l'a interrogée. C'est tout ce que je peux faire pour vous. Téléphonez-moi de temps en temps, j'aurai peut-être d'autres renseignements... »
Il vous reconduit sur le pas de la porte*. Avant que vous vous sépariez, il vous chuchote* :
« Bonne chance, et pensez aux 50 000 francs de récompense que je vous offre si vous retrouvez Camille Lhermite cette semaine. »
Vous allez visiter la loge de Camille ■ 61
Vous téléphonez au journaliste ■ 124

76 **Vous** gagnez peu à peu du terrain et vous encouragez le chauffeur :
« Plus vite ! Je vous paie le triple si vous la rattrapez !
— Plus vite, plus vite ! Vous en avez de bonnes* ! Je suis déjà à 90* ! »
L'actrice semble avoir compris qu'elle est suivie. Elle accélère à son tour.
Arriverez-vous à la rattraper ? ■ 44

77 **Elle** ne vous adresse pas un mot. Vous dansez depuis un petit moment, quand soudain elle pousse un cri :

« Aïe ! Mes pieds ! Faites attention ! »
Vous n'avez pas le temps de vous excuser : elle est déjà partie...
Tout d'un coup, vous réalisez qu'elle avait l'accent du Midi*... Et si c'était Camille ? Vous vous faufilez à travers la foule dans la direction qu'elle a prise, mais vous ne la voyez plus.

        Vous faites le tour de la salle ■ 140
        Vous vous dirigez vers la sortie ■ 64

78

Vous arrivez devant un vieil immeuble bourgeois. Vous présentez votre invitation au portier. Celui-ci vous regarde de la tête aux pieds et vous dit :
« Je suis désolé, mais je ne peux vous laisser entrer sans déguisement.
— Mais je suis invité(e) !
— Je suis désolé. Il est bien écrit sur votre carton d'invitation que vous devez être déguisé(e) et masqué(e).
— Mais je dois voir quelqu'un...
— C'est impossible. Vous n'avez qu'à attendre que cette personne sorte. »

    Vous suivez le conseil du portier et vous attendez dans la rue ■ 3
        **Vous pensez que vous perdez du temps
et vous rentrez à l'hôtel** ■ 159

79

Après cet incident, la salle redevient calme. Vous continuez à regarder le film dans l'espoir d'y découvrir un détail intéressant. Malheureusement, quand le film se termine, vous n'êtes pas plus avancé(e) qu'avant d'entrer. Vous ne disposez plus d'aucune piste.

      Et s'il y avait un détail utile sur l'affiche du film ? ■ 97
      **Vous décidez d'appeler Max Riboux pour faire
le point* de la situation avec lui** ■ 91

80

La cassette défile quelques secondes, le premier message commence :
« Bonjour. Evelyne à l'appareil. J'attends toujours un coup de fil* de toi pour la réponse. Tu sais où me joindre. Salut ! »

        Pour écouter la suite des enregistrements ■ 106

81   **Vous** entrez dans le cinéma. Vous achetez votre ticket à la caisse, étonné(e) de payer votre place moins cher que le tarif normal affiché. Vous dites en plaisantant à l'ouvreuse* qui vous place :
« Il y a un tarif réduit pour les étrangers ?
— Non, mais nous sommes lundi. Tous les cinémas appliquent un tarif unique ce jour-là.
— Ah... Je ne savais pas... Merci ! »
Elle ajoute :
« Ici, on donne aussi un pourboire* aux ouvreuses. C'est leur unique salaire...
— Je ne le savais pas non plus. Excusez-moi. »
Vous lui donnez une pièce de 2 francs et vous vous asseyez.
Pour voir le film ■ 5

82   **Vous** descendez à deux pas de la gare. Vous vous adressez au guichet « Informations ». L'employé vous dit que les consignes se trouvent près des « Départs grandes lignes ». Arrivé(e) aux consignes, vous ouvrez la porte n° 229. À l'intérieur, vous trouvez une petite valise. Elle n'est pas fermée à clé.
Pour connaître le contenu de la valise ■ 73

83   **L'employé** revient en marmonnant :
« C'est pas croyable ! Au XXe siècle, ne pas être fichu de* fermer un robinet !
— Excusez-moi, le nombre 13 me porte bonheur. Est-ce que la chambre n° 13 est libre ?
— Oui, mais je vous préviens, c'est une chambre plutôt bruyante : elle donne sur la rue*. Habituellement, on la loue quand l'hôtel est complet...
— Ça ne fait rien, c'est celle que je veux.
— Comme vous voudrez. »
Le réceptionniste vous remet votre clé.
Vous montez dans votre chambre pour vous reposer ■ 90
Vous allez vous détendre au salon ■ 48

84   **Vous** descendez du bus et attendez à l'endroit convenu*. Le journaliste arrive quelques instants après vous. Il est jeune et marche d'un pas décidé.

Il vous aborde comme s'il vous connaissait :
« Bonjour. Alors, comme ça, vous vous intéressez à Camille Lhermite ?
— Oui, enfin... À sa personnalité...
— Et surtout à sa disparition, n'est-ce-pas ?
— On ne peut rien vous cacher.
— Vous avez une idée du motif de sa disparition ?
— Non, je pensais que vous pourriez m'aider...
— Et vous dire où elle se trouve, naturellement...
— Je n'en demande pas tant... J'aimerais juste quelques détails sur l'interview.
— Écoutez, suivez mon conseil : il y a trop de monde sur cette affaire. Les flics*, les journalistes, les privés*... Vous n'avez aucune chance. »

  Vous ne vous laissez pas impressionner* ; vous lui répondez ■ 145
  Vous n'insistez pas ; vous partez visiter la loge de Camille ■ 131

Tout en regardant les fossiles*, vous remarquez que l'un des deux hommes s'éloigne. Il rejoint le groupe de touristes. Ce n'est donc pas lui qui a donné rendez-vous à Camille. L'homme qui reste prend des notes devant un squelette de stégosaure*. Il regarde sa montre, semble attendre quelques minutes et quitte la salle. Ce doit être Serge. Vous le suivez. Vous préférez ne pas l'aborder car il pourrait se méfier... Surtout avec la tête que vous avez ce matin !

  Vous le suivez ■ 59

85

Vous sortez des studios. Vous prenez le métro jusqu'aux Halles. Vous passez devant les nombreux magasins du Forum avant de trouver l'escalier mécanique qui vous conduit à la sortie. Le café de la Paix n'est pas loin de là. Il fait un temps splendide et tous les clients ont déserté* la salle pour la terrasse. Vous vous installez comme eux, dehors à une table. « Les terrasses des cafés parisiens sont très agréables, pensez-vous, mais les garçons sont parfois longs à prendre les commandes. » Vous attendez déjà depuis un quart d'heure !

  Vous restez patient(e),
  vous fermez les yeux et profitez du soleil ■ 127
  Vous perdez patience et vous allez boire votre café au bar ■ 98

86

87 **Vous** remontez la rue. La voiture noire est un peu plus loin, arrêtée sur le trottoir. Vous payez le chauffeur et vous descendez à toute vitesse. Vous vous apercevez que la voiture est vide. Vous regardez autour de vous : personne. Vous réfléchissez quand vous sentez quelqu'un vous taper sur l'épaule.
Vous vous retournez brusquement ■ 96

88 **Sur** la feuille de papier, vous pouvez lire :
« Tous les chemins mènent à Rome, ce n'est pas si loin d'ici. Pour vous y rendre, passez par Vienne. Une fois arrivé(e), dirigez-vous sur Madrid. En continuant un peu, vous arriverez à Lisbonne. Vous ne serez plus très loin. Continuez toujours et vous arriverez dans un endroit célèbre pour son carnaval. En allant toujours tout droit, vous rencontrerez un peintre. Suivez-le, il vous conduira jusqu'à celle que vous recherchez. »
Vous ne comprenez rien à ce charabia* : Rome, Vienne, Madrid... Vous n'avez pas le temps de visiter l'Europe ! Cette voyante s'est moquée de vous ! Vous décidez de rentrer à l'hôtel.
Vous rentrez à l'hôtel en métro ■ 163
Vous préférez rentrer en taxi ■ 69

89 **Vous** descendez au salon où quelques clients déjeunent en regardant les informations du matin. Vous avalez rapidement un café crème* et une brioche.
Il est temps d'aller chez Mme Irma ■ 166

90 **Vous** montez un étage et suivez le couloir jusqu'à la chambre n° 13. Vous ouvrez la porte : la chambre est petite, mais a l'air confortable. Vous jetez un coup d'œil par la fenêtre. Elle donne sur* une rue très animée. Il y a un bar juste en face.
Après avoir pris une douche, vous vous allongez sur le lit, las(se)* et préoccupé(e) par le peu d'indices dont vous disposez : louer cette chambre ne vous sert sans doute à rien...
Vous tirez machinalement* sur la poignée de la table de nuit. Le tiroir est coincé*.
Vous forcez le tiroir ■ 51
Vous n'insistez pas ■ 14

91

Vous entrez dans une cabine téléphonique, vous décrochez le combiné et composez le numéro. Quelques secondes après, vous entendez sa voix :
« Allô, Max Riboux, j'écoute...
— Allô ! L'enquête n'avance plus, je manque d'indices...
— Je m'en doutais, je n'aurais pas dû vous faire confiance... Vous êtes aussi incapable que les autres ! J'avais pourtant cru que vous étiez plus habile...
— Je n'ai négligé aucune piste, mais je ne peux tout de même pas inventer des indices ! J'abandonne... »
Pour connaître la réaction de Max Riboux ■ 95

92

« **Bah !** On est cinéphile ou on ne l'est pas... Je me renseigne... »
Il vous montre encore quelques trésors de sa collection : une paire de chaussures ayant appartenu à Gabin, une interview inédite de Brigitte Bardot... Vous avez passé plusieurs heures chez le cinéphile sans vous en apercevoir. Il est temps de prendre congé.
Vous passez à la poste pour téléphoner à Juliette Clément ■ 67

93

Le journaliste traverse le jardin du Luxembourg qui est très fréquenté en cette saison. Il se dirige vers le boulevard Saint-Michel, il monte la rue Soufflot, puis tourne à droite. Enfin, il s'arrête devant l'immeuble du magazine *Cinérama*, présente sa carte à un gardien et entre. Vous vous arrêtez à quelques mètres de l'immeuble et attendez dehors... Vous regardez votre montre : voilà déjà une demi-heure qu'il est entré !
Vous attendez encore ■ 8
Vous cessez votre filature* pour vous rendre à l'hôtel Terminus-Nord ■ 27

94

« **Ne** vous inquiétez pas. Vous rencontrerez quelqu'un qui va changer votre vie.
— Non, je ne suis pas venu(e) pour ça ! Enfin je cherche... »
Elle vous coupe à nouveau la parole :
« Ah oui ! Vous avez raison ! Ma boule de cristal est un peu poussiéreuse*... »
Elle l'essuie du revers de sa manche. Vous commencez à vous énerver :
« Mais enfin, laissez moi finir ! »
Vous lui montrez la photo de Camille Lhermite ■ 72
Vous avez assez entendu de sottises, vous partez ■ 65

95 « **Non,** attendez. J'ai des nouvelles informations qui peuvent vous aider.
— Je vous écoute.
— Camille Lhermite possède un studio* dans le Marais, au 18 rue des Francs-Bourgeois.
— Intéressant en effet ; je croyais qu'elle vivait à l'hôtel...
— Moi aussi. En fait, elle a hérité de cet appartement il y a trois ans ; je ne crois pas qu'elle y soit souvent...
— J'y vais immédiatement.
— Tenez-moi au courant*. »
Vous raccrochez.
Vous allez à l'adresse indiquée ■ 151

96 **Vous** êtes nez à nez avec la gitane. Elle enlève son masque et vous dit : « Vous me cherchez ? C'est Max qui vous a engagé(e) n'est-ce-pas ? »
Vous reconnaissez Camille Lhermite. Vous êtes tellement stupéfait(e)* que vous ne trouvez pas les mots pour répondre.
« Je vous ai bien fait courir, j'espère ?
— Vous pouvez le dire ! J'ai failli abandonner plusieurs fois.
— Vous m'avez retrouvée, vous avez gagné.
— Mais pourquoi vous cachiez-vous ?
— Je ne me cache pas vraiment, c'est juste une petite blague.
— Une blague* ?
— Oui, j'ai voulu jouer un mauvais tour* à Max... »
Et pourquoi ? ■ 57

97 **Vous** sortez et vous trouvez un jeune spectateur discutant vivement avec la caissière.
« J'exige le remboursement* de mon ticket !
— Mais monsieur, je n'y suis pour rien !
— C'est inadmissible, ce film a été coupé !
— C'est une vieille copie, nous n'y pouvons rien.
— C'est une mauvaise excuse, ce film a perdu tout son intérêt... C'est inacceptable !
— Bon, je vous rembourse. Voilà le prix de votre ticket, mais faites moins de bruit s'il vous plaît. »

Le spectateur sort en bougonnant* :
« Incroyable ! Se permettre d'amputer* un film... sans prévenir... ! »
Vous lui adressez la parole ■ 169
Intrigué(e)* par les coupures du film,
vous montez dans la cabine de projection ■ 99

Vous traversez la salle. Au comptoir, vous vous adressez au serveur :
« Je peux avoir un café s'il vous plaît ?
— Tout de suite. »
Pendant que le serveur met la machine en marche, vous sortez de votre poche une photo de Camille. Vous la montrez au garçon :
« Excusez-moi, vous n'auriez pas déjà vu cette femme ?
— Non, je ne travaille ici que depuis quelques jours... Mais, à votre place, j'irais voir le type* là-bas. C'est un habitué : il connaît tout le monde ici. »
Vous vous dirigez vers la table que le serveur vous a indiquée ■ 122
Vous buvez votre café au bar ■ 74

Vous vous demandez qui a bien pu couper le film... et pour quelle raison. Intrigué(e), vous vous glissez discrètement* dans l'escalier qui mène à la cabine de projection. Sur la porte de la cabine, vous pouvez lire « Interdit au public », mais vous faites quand même irruption* dans la pièce. Le projectionniste se retourne, surpris.
« Qu'est-ce que vous faites ici ?
— Je veux savoir pourquoi on a coupé une scène de ce film.
— Ah ! Vous voulez parler des trente secondes au début du film ?
— Trente secondes ?
— Oui. Le film s'est cassé hier pendant la projection. Pour le réparer, j'ai été obligé de supprimer un morceau... Vous êtes un(e) sacré(e) chipoteur(se)* vous ! Trente secondes où on voit un type faire sauter des pommes de terre...
— Vous n'avez pas coupé ce film volontairement, alors ? Excusez-moi, j'avais cru que... Au revoir...
— Au revoir. La prochaine fois, frappez avant d'entrer... »
Vous sortez du cinéma. Vous avez trop d'imagination... Vous devez faire le point sur votre enquête.
Vous téléphonez à Max Riboux ■ 91
Vous courez après le spectateur ■ 169

100 « **Elle** a toujours été capricieuse*, non ? Si tu veux mon avis, elle est fatiguée, elle n'est plus toute jeune...
— Dis quelle est vieille ! Elle n'a pas trente ans...
— Te fâche pas*. Je voulais dire que, ces temps derniers, tu ne l'as pas ménagée* : le boulot* tous les jours, les week-ends en Normandie, les sorties le soir... Ça devait arriver, c'est trop pour elle...
— Tu as peut-être raison.
— À ta place, j'en chercherais une autre, essaie de l'oublier.
— Pas question, je suis trop attaché à elle, je ferais n'importe quoi pour elle... Même si ça me coûte très cher.
— Après tout, c'est tes oignons*...
— Bon, tu m'excuses, mais il faut que je sache* ce qu'elle a. Je vais voir si la situation a évolué. Salut ! »
Vous le regardez se lever. Vous n'en croyez pas vos oreilles*... Ce type connaît certainement Camille ; il a même l'air de savoir où elle se trouve.
Vous vous levez et le suivez ■ 41
Vous lui parlez ■ 30

101 **Vous** composez le numéro de Max.
« Allô, Max Riboux, j'écoute.
— Allô... Oui, c'est moi, j'ai suivi une fausse piste...
— Quoi, encore vous ! Vous n'êtes pas très habile, je me demande pourquoi je vous ai engagé(e)... Vous êtes un(e) bon(ne) à rien* ! Je n'ai plus besoin de vos services ! Un détective est sur le point de retrouver Camille Lhermite. Je n'ai plus rien à vous dire. »
Vous n'avez pas le temps de répondre, Max a déjà raccroché*. Vous avez définitivement perdu toute chance de retrouver Camille Lhermite et de gagner la récompense...
Fin

102 **Dans** l'enveloppe, vous trouvez une petite clé attachée à un porte-clés sur lequel vous pouvez lire d'un côté « n° 229 » et de l'autre « Consigne automatique* — Gare de Lyon ». Un mot accompagne cet objet. Vous le lisez :
« J'ai quelques courses à faire dans le quartier ; j'en profite pour déposer

la clé que tu as oubliée. Je travaille toujours au Muséum. À bientôt j'espère. Serge. »
Quand vous ressortez, Serge a disparu.

    Vous prenez un bus jusqu'à la gare de Lyon ■ 82
    Vous prenez un taxi jusqu'à la gare de Lyon ■ 121

103

Vous vous dressez sur votre lit en demandant :
« Qui est là ?
— Il est 8 h 30, vous m'aviez dit de vous réveiller... »
Vous reposez la tête sur l'oreiller en répondant :
« Ah, déjà ?... Merci. »
La nuit est passée si vite ! Vous avez dormi comme un loir*. Vous êtes en pleine forme pour commencer cette journée.

    Vous descendez prendre votre petit déjeuner au salon ■ 89
    Vous préférez le prendre dans un café ■ 119

104

« **Je** ne vous dérangerai pas longtemps. Je suis amateur de peinture et j'aimerais acheter un dessin ou peut-être une toile.
— Je vous en prie... Regardez. »
Vous reconnaissez les esquisses qui ont servi à faire le portrait de Camille Lhermite.
« Cette esquisse me plaît, vous la vendez ?
— Ah non ! Pas celle-là. C'est une esquisse pour un portrait que j'ai vendu. Le modèle* était si joli que je l'aurais bien gardé... J'en étais tombé amoureux...
— Comment ça ?
— Je parle du tableau, naturellement.
— Ah oui...
— Je tiens beaucoup à* cette esquisse.
— Tant pis. Mais le modèle, vous l'avez revu ?
— Non. Que voulez-vous, c'est l'inconvénient* de mon métier. »
Vous quittez l'atelier du peintre.

    Vous téléphonez à Max ■ 101
    Vous téléphonez au journaliste
    (si vous ne l'avez pas encore rencontré) ■ 28

105 Arrivé(e) à l'hôtel, vous demandez au réceptionniste de vous réveiller à 8 h 30. Vous vous endormez sans difficulté.
Soudain, vous êtes réveillé(e) par des coups frappés à votre porte.
Qui est-ce ? ■ 103

106 **Vous** reconnaissez une voix d'homme :
« Salut ! Ici Serge, comment vas-tu ? Comme d'habitude, il est impossible de te joindre... Tu as oublié quelque chose chez moi. Je suis très occupé, je ne peux pas passer chez toi, mais tu peux me voir au Muséum d'histoire naturelle, dans la salle de paléontologie*, entre 10 et 11 heures le matin ou entre 16 heures et 17 h 30 l'après-midi. Jusqu'à la fin du mois. Salut ! »
Pour écouter l'enregistrement suivant ■ 43

107 **Vous** êtes fatigué(e) de cette journée et cet indice inattendu vous a remonté le moral*. Vous dînez rapidement, puis vous vous couchez après avoir demandé au réceptionniste de vous réveiller à 8 h 30. Vous vous endormez sans difficulté...
Soudain, vous êtes réveillé(e) par des coups frappés à votre porte.
Qui cela peut-il être ? ■ 103

108 **Vous** vous rendez place du Tertre, derrière le Sacré-Cœur. Vous demandez à un des nombreux peintres installés devant leur chevalet* :
« Excusez-moi, connaissez-vous Jacques Dumesnil ?
— Jacques, oui. C'est un collègue*, mais en ce moment il prépare une exposition et il n'est pas souvent ici.
— Où peut-on le rencontrer ?
— À cette heure-ci, il doit être dans son atelier, 18 rue Lepic. C'est à côté. »
Vous quittez la place pour vous rendre à l'atelier ■ 153

109 **Vous** n'avez pas le temps de faire un pas dans la salle : deux colosses* chargés de la sécurité vous empoignent*. Ils vous jettent dehors sans ménagement*. Quand vous vous relevez, vous n'êtes plus en état de continuer votre enquête...

Le lendemain, Max Riboux vous annonce par téléphone que Camille a été retrouvée par le journaliste Félix Poussin.
Vous avez perdu.
Fin

110 **Vous** vous allongez sur votre lit. Vous vous en voulez* de ne pas avoir téléphoné à Juliette. Les heures passent et vous n'avez ni faim ni sommeil. Vous vous couchez sans manger et vous ne dormez pas de la nuit. Vers 6 heures du matin, vous fermez enfin les yeux… Quand vous les rouvrez, il est 10 h 15… Il est trop tard pour téléphoner à Juliette, mais vous avez encore le temps de vous rendre au Muséum. Vous sortez sans déjeuner, l'air pas bien réveillé et les traits tirés*. Quand vous arrivez au Muséum, il est 10 h 50.
Vous entrez dans le Muséum ■ 155

111 **Vous** réalisez soudain que la conversation du café ne concernait pas Camille Lhermite mais la vieille Citroën garée au fond du hangar.
Son propriétaire la contemple amoureusement. Avant de sortir, il s'adresse au garagiste :
« Ne la laissez pas rouiller*, j'y tiens ! »
Vous vous êtes engagé(e) sur une fausse piste !
Vous retournez au café ■ 98

112 **En** consultant le Minitel, vous obtenez l'adresse du peintre : Jacques Dumesnil, 18 rue lepic, 75018 Paris.
Vous vous rendez chez le peintre ■ 153

113 **La** boutique est pleine d'odeurs qui vous chatouillent agréablement les narines. La vendeuse rend la monnaie au client qui vous précède et vous demande :
« Et pour vous ?
— Un gâteau s'il vous plaît.
— Quel gâteau désirez-vous ?
— Heu… Je ne connais pas très bien la pâtisserie française. Pouvez-vous m'aider à choisir ?

— Bien sûr. Ici, ce sont des babas au rhum ; à côté, des éclairs, des religieuses au café et au chocolat... Là, des meringues, puis ici, des tartelettes aux fruits, des mille-feuilles...
Vous lui coupez la parole ■ 32

114 **La** loge* est petite, carrée et entièrement tapissée* d'un papier peint à rayures bleues et blanches. À votre droite, se trouve une coiffeuse* et, contre le mur qui vous fait face, une penderie*. Vous ouvrez la porte à glissière. Elle ne contient rien si ce n'est un foulard de soie rouge accroché à un portemanteau. Sur la coiffeuse, il n'y a que des produits de maquillage (rouge à lèvres, mascara, fond de teint) et divers accessoires de toilette (un peigne, une brosse à cheveux, quelques épingles). Vous remarquez un ticket de métro coincé entre la glace et le cadre qui l'entoure. Vous ouvrez le tiroir de la coiffeuse, vous ne trouvez que quelques boîtes d'allumettes, toutes identiques.
Vous pensez que le foulard est un indice* ■ 46
Vous pensez que le ticket de métro est un indice ■ 58
Vous pensez que les pochettes d'allumettes sont un indice ■ 120

115 **Vous** marchez jusqu'à la galerie marchande* que vous a indiquée un voyageur. Vous entrez dans un magasin de Hifi*. Un vendeur vient à votre rencontre :
« Vous désirez quelque chose ?
— Oui, je voudrais acheter un baladeur. Vous pouvez me conseiller ?
— Vous voulez dire un *walk-man* ? »
Le vendeur sort un appareil d'une vitrine* et vous le donne.
« Essayez celui-là, c'est un très bon modèle : il est robuste et ne coûte pas trop cher.
— Je voudrais écouter cette cassette. »
Il introduit la cassette que vous lui tendez. Vous mettez les écouteurs sur vos oreilles. Le vendeur met l'appareil en marche.
Pour écouter la cassette ■ 118

116 « **Mais** je crois que vous vous intéressez plus particulièrement à Camille Lhermite. Voilà, je n'ai pas grand-chose, mais j'ai des excuses : elle ne joue pas depuis longtemps et la critique* ne parle pas beaucoup d'elle... »

Il vous montre des photos :
« Là, elle joue un rôle d'infirmière dans *Terre*. Ici, c'est *Le Chien enragé*... Tenez, là elle est en compagnie de Juliette Clément, une maquilleuse qui a travaillé sur tous les films d'Alain Levasseur. C'est certainement elle qui l'a poussé à engager Camille Lhermite : elle a une forte personnalité et les metteurs en scène écoutent souvent ses conseils... Elle est devenue une amie de Camille Lhermite, elle l'a beaucoup aidée...
— Mais comment êtes-vous au courant* de ces détails ? »
Pour connaître sa réponse ■ 92

117

Après cette conversation, vous désespérez de pouvoir un jour rendre ce livre à Camille Lhermite. Vous ne savez plus dans quelle direction poursuivre votre enquête. Vous descendez la butte Montmartre en empruntant des petites rues et des escaliers escarpés. Tout en marchant, vous feuilletez le livre : c'est une pièce de théâtre de Théodule Frigolin, intitulée *Ma femme est partie*. À la page 132, vous trouvez une carte qui a dû servir de marque-page. C'est une invitation :

Vous êtes convié(e) à participer au bal masqué
organisé en l'honneur du 27e anniversaire
de François Chassagne de Lacour
le 25 juillet, au 17 rue François 1er, Paris VIIIe
Costumes et masques sont de rigueur.

L'invitation est pour le soir même. C'est sûrement une bonne occasion de rencontrer les proches de Camille... et votre dernière chance de retrouver l'actrice.
Vous allez chercher un costume à louer ■ 138
Vous préférez aller au bal sans déguisement ■ 78

118

Vous reconnaissez la voix de Camille.
« Je ne veux plus te voir Léon...
— Mais, ma chérie...
— Il n'y a pas de « mais ». Tu n'es décidément pas digne de mon amour !
— Je ne comprends pas.
— Je vois... Monsieur fait l'innocent*... Tu me trompes presque sous mon toit et...

— Moi ?
— Oui, avec la voisine du premier étage...
— Tu délires, mon amour !
— Ne nie pas, elle m'a tout raconté.
— Elle t'a tout ra... Écoute, je le reconnais, j'ai commis une erreur...
— Une erreur ? Tu n'es qu'un monstre, me faire une chose pareille... Avec cette... »

Vous écoutez la suite de l'enregistrement ■ 2
Vous rendez le *walkman* au vendeur
et vous allez voir la « voisine du premier étage » ■ 147

119 **Vous** quittez l'hôtel pour prendre votre petit déjeuner au Bar-des-Amis. Vous avalez rapidement un café crème et un croissant.
Vous vous rendez chez Mme Irma ■ 166

120 **Vous** sortez les pochettes d'allumettes du tiroir ; vous pouvez lire en lettres dorées sur fond bleu :
Café de la Paix, 27 rue Berger 75001 Paris
Tél. : 48.45.28.16
Les quatre pochettes sont identiques : Camille a dû se rendre plusieurs fois à ce café. C'est sûrement un indice intéressant...
Vous allez directement au café de la Paix ■ 86
Vous examinez le ticket de métro ■ 58
Vous préférez examiner le foulard ■ 46

121 **Le** taxi vous arrête devant la gare. Vous trouvez facilement les consignes ; vous ouvrez la porte n° 229. À l'intérieur, vous trouvez une petite valise. Elle n'est pas fermée à clé.
Pour connaître le contenu de la valise ■ 73

122 **Debout** près de la table, vous jetez un œil* sur le consommateur. Il doit avoir la quarantaine. Il est vêtu d'un vieux costume gris, il est mal rasé. Vous l'abordez.
« Je peux m'asseoir ici ?
— Ouais ! Pourquoi pas ! »

Vous regardez les bouteilles de bière vides sur la table. L'homme vous dit d'une voix traînante :
« Tiens, je vous ai jamais vu(e) ici vous ?
— Non, je ne suis pas d'ici !
— Ah ouais ! vous avez un drôle d'accent ! »
Suite de la conversation ■ 25

Vous composez le numéro de téléphone. Une voix ne tarde pas à vous répondre :
« Allô, ici Mme Irma. Je résous tous vos problèmes. Je vous écoute.
— Allô, bonjour. Je souhaiterais prendre rendez-vous pour une consultation.
— Votre heure sera la mienne.
— Eh bien, disons 14 heures demain.
— Impossible, c'est l'heure de mes visions.
— Ah... Alors demain matin.
— D'accord, à 10 heures précises. Au n° 6 de la rue de la Bienfaisance.
— Bien, j'y serai. Au revoir madame.
— Au revoir. »
Vous remontez dans votre chambre ■107
Vous allez au restaurant ■17

123

Vous trouvez une cabine téléphonique sur l'avenue des Champs-Élysées. Vous composez le numéro de téléphone du journaliste. Vous avez de la chance, il est chez lui. Il vous donne rendez-vous dans une demi-heure à l'une des entrées du jardin du Luxembourg qui se situe rue Guynemer. Vous avez juste le temps de vous y rendre par le bus. Vous profitez du trajet* pour regarder les photos de Camille : elle est vêtue d'un manteau de fourrure, elle est brune, ses yeux sont très noirs, elle est très jolie...
Le bus arrive au jardin du Luxembourg ■ 84

124

« **Je** ne vous dérangerai pas longtemps. Je suis un(e) ami(e) de Camille Lhermite, une actrice dont vous avez fait le portrait.
— Ah oui ! Il m'a demandé du travail : pas moins de quinze séances de pose*... Enfin, on n'a pas tous les jours un aussi joli modèle* ! Je l'aurais bien gardé... »
Que veut-il dire par là ? ■126

125

45

126 « **J'en** étais tombé amoureux...
— Vous voulez dire...
— Je veux dire du tableau, naturellement...
— Oui, je l'ai vu. Il me plaît beaucoup. Vous avez revu Camille Lhermite depuis que vous avez achevé son tableau ?
— Non, que voulez-vous, c'est l'inconvénient* de mon métier : je reste avec quelqu'un pendant quinze jours, puis généralement je ne le revois plus après...
— Vous discutez beaucoup pendant votre travail ?
— Non, seulement quelques mots par séance. Ça me déconcentre* quand je peins. Camille lisait pendant toutes les séances sans paraître s'ennuyer. »
Suite de la conversation ■137

127 **Vous** fermez les yeux, le soleil vous picote* la peau. Une conversation attire votre attention et vous fait brusquement rouvrir les yeux.
« Je vais finir par croire qu'elle est morte.
— Tu dramatises* toujours, attends encore un peu.
— Ça fait quand même plus d'une semaine qu'elle m'a laissé tomber* et qu'elle n'a pas tourné. Je ne sais toujours pas ce qu'elle a... Une semaine sans tourner, c'est pas bon pour elle ! »
Suite de la conversation ■100

128 **Soudain**, vous réalisez qu'elle avait l'accent du Midi... Et si c'était Camille ? Vous vous faufilez à travers la foule dans la direction qu'elle a prise. Mais très vite, vous ne la voyez plus.
Vous faites le tour de la salle ■ 140
Vous vous dirigez vers la sortie ■ 64

129 **Vous** trouvez un taxi à quelques dizaines de mètres du café. Vous montez dans la voiture. Vous cherchez le nom de l'hôtel... Vous auriez dû le noter...
Si vous vous souvenez du nom de l'hôtel, dites-le au chauffeur ■ 71
Si vous ne vous en souvenez pas, descendez du taxi ■ 143

130 **Vous** n'avez pas besoin de frapper chez la concierge*. Elle doit vous observer depuis que vous êtes entré(e) dans l'immeuble car elle sort de sa loge* et vous demande :
« Vous cherchez quelqu'un ?
— Oui, je suis un(e) ami(e) de Mlle Lhermite...
— Ah ! Je me disais... Il y avait longtemps... Vous voulez les clés, n'est-ce pas ?
— Comment le savez-vous ?
— Et votre accent, alors ?
— Mon accent... ? »
   Que veut dire la concierge ? Pour le savoir ■18

131 **Vous** prenez l'autobus en direction de la porte de Clignancourt qui se situe à deux pas des studios. Vous descendez du bus et marchez jusqu'aux studios. Ils sont grands mais vous trouvez facilement la loge n° 5. Grâce à la clé que vous a remise Max, vous ouvrez la porte et entrez dans une pièce sombre. En cherchant à tâtons*, vous trouvez l'interrupteur* : une ampoule pendue au plafond éclaire faiblement la pièce.
   Pour continuer votre visite ■114

132 **Une** fois entré(e), vous vous placez juste derrière lui, parmi les gens qui font la queue pour acheter des cigarettes ou pour jouer au Loto. Il achète un paquet de gauloises* et sort. Vous achetez un paquet de chewing-gums. Vous payez avec l'unique billet de 200 francs que vous avez sur vous. Le buraliste fait la grimace* : il n'a plus de monnaie et il est obligé d'aller en chercher au bar. Quand il revient, plusieurs minutes ont passé. Vous sortez enfin... Mais vous avez perdu celui qui devait vous mener jusqu'à Camille. Vous faites quelques pas dans les rues voisines... Il a disparu.
   Vous retournez au café de la Paix ■98

133 **Vous** prenez le costume et l'emportez dans une boîte en carton. Vous rentrez à votre hôtel pour vous changer. Les clients sont un peu surpris lorsque vous redescendez et traversez le hall dans votre déguisement.
   Si vous êtes déguisé(e) en punk ■7
   Si vous êtes déguisé(e) en arlequin ■136

134 **Vous** vous arrêtez à la page du 5 juillet. Le nom de Camille Lhermite y figure en face du n° 13. Vous entendez des pas dans l'escalier.
   Vous avez juste le temps de remettre le registre à sa place ■ 83

135 **Elle** souffle sur une des deux bougies puis elle ferme les yeux. Vous vous retenez de rire. Au bout de quelques minutes, elle se met à trembler, puis elle commence à écrire. Elle ouvre à nouveau les yeux.
« Voilà, c'est fini. Je ne sais pas ce que j'ai écrit et je n'ai pas le droit de le savoir. Vous lirez mes instructions une fois dehors.
— Merci.
— C'est moi qui vous remercie. Ça fait 200 francs. »
Vous payez et vous sortez, heureux(se) de quitter cet endroit sombre.
   Vous lisez aussitôt les instructions de Mme Irma ■ 6
   Vous attendez d'être dehors pour les lire ■ 88

136 **Vous** présentez votre invitation au portier et entrez comme si vous étiez invité(e). Vous traversez le hall pour arriver dans une cour. Vous empruntez une allée ornée de massifs de fleurs. Vous arrivez enfin devant une maison ancienne aux immenses fenêtres éclairées.
La grande salle dans laquelle vous entrez est déjà pleine d'invités costumés. Vous vous faufilez à travers les groupes de danseurs et arrivez au bar. Un serveur, lui aussi masqué, vous sert une coupe de champagne. Vous écoutez les conversations. Les invités s'amusent à reconnaître ou dissimuler* leur identité. À côté de vous, un vampire* trinque* avec un loup-garou*. Vous les regardez déguster leurs cocktails quand une gitane* vous invite à danser.
   Vous acceptez l'invitation ■ 77
   Vous refusez l'invitation ■ 128

137 « **Je** dois vous sembler bien curieux(se). Je pense me faire faire un portrait, mais je suis si peu patient(e) que j'hésite.
— Certains peintres peuvent vous faire un portrait d'après photo. Je désapprouve ce procédé et je ne travaille que sur des modèles vivants. À vous de voir... Réfléchissez. »
Vous n'avez pas appris grand-chose de cette conversation. Au moment où vous vous dirigez vers la porte, le peintre vous rappelle.

« Ah, j'oubliais ! Vous êtes un(e) ami(e) de Camille. Pouvez-vous lui remettre ça ? C'est un livre qu'elle a oublié dans mon atelier. »
Vous prenez le livre et sortez ■ 117

138

Vous vous rendez chez un loueur de costumes dont vous avez trouvé l'adresse dans l'annuaire.
Vous entrez dans la vieille boutique : des centaines de costumes sont suspendus à des cintres en bois. L'odeur de la naphtaline* et des vieux tissus vous rappelle celle d'un grenier. Un vendeur aussi rétro* que sa boutique sort de derrière un petit bureau :
« Bonjour. Que puis-je pour vous ?
— Je cherche un costume, mais je ne sais pas encore...
— Vous voulez voir notre catalogue ?
— Oui, merci. Ça me donnera sûrement une idée. »
Il prend un gros classeur posé sur une étagère. Vous le feuilletez ; il y a beaucoup de choix : Gaulois*, pierrot*, sorcière*, alpiniste*, mousquetaire*, fée, infirmière, etc. Il y a aussi des costumes d'animaux, de monstres, des masques d'hommes politiques, d'acteurs de cinéma. Vous finissez par vous décider :
« Je voudrais un costume de torero*. »
Le vendeur disparaît dans l'arrière-boutique et revient les mains vides.
Pourquoi ? ■ 158

139

Vous attendez quelques instants ; vous vous rendez compte qu'en restant ici, vous n'aurez aucune chance de retrouver Camille. Il est trop tard pour louer un autre costume. Vous essayez de demander à quelques invités s'ils connaissent Camille... Mais votre costume n'inspire pas confiance* et tout le monde vous évite.
Vous rentrez à votre hôtel ■ 159

140

Vous regardez tout autour de vous. Vous voyez défiler des costumes de toutes sortes, avec des plumes, des chapeaux de toutes les couleurs... mais pas l'ombre d'une gitane. Vous faites le tour de la salle, mais vous ne la trouvez nulle part. Vous êtes très en colère... Si près du but ! Vous ne pouvez pas perdre sa trace maintenant ! Vous devez absolument la retrouver. Demain, il sera trop tard !

Vous interrogez un serveur du bar ■ 55
Vous interrogez un danseur ■ 165

141 **Votre** tentative* est inutile. L'agent vous saisit par le bras et il n'a pas l'air de plaisanter. Vous vous retrouvez au commissariat du quartier, face à un inspecteur qui tire une rapide conclusion :
« Vous avez l'air d'avoir un peu trop bu, vous cherchez un hôtel dont vous ne connaissez pas le nom... C'est louche tout ça ! »
Vous tentez de lui expliquer :
« Je suis de passage à Paris. Je cherche l'hôtel... Belles-Vacances... Non, attendez, l'hôtel... »

Vous vous souvenez du nom de l'hôtel ■ 162
Vous ne vous souvenez pas du nom de l'hôtel ■ 171

142 **En** regardant la boîte aux lettres de Camille, vous apprenez que son appartement est au deuxième étage. Vous montez, vous sonnez : personne. La porte est fermée, mais la serrure n'a pas l'air très solide. Vous donnez un coup avec votre épaule, mais cela ne suffit pas pour ouvrir la porte. Vous reculez de quelques pas pour prendre de l'élan et vous vous précipitez sur la porte de toutes vos forces. Elle est plus résistante que vous ne pensiez : vous n'avez réussi qu'à vous faire mal à l'épaule et à alerter les voisins. Vous entendez une voix provenant de leur appartement :
« Allô... Oui... Venez vite, un voleur essaie de s'introduire* dans l'appartement d'à côté... 18 rue des Francs-Bourgeois... »
Vous descendez l'escalier quatre à quatre*, vous bousculez la concierge dans l'entrée et vous vous éloignez rapidement de l'immeuble. Vous croisez un car de police qui s'arrête devant le numéro 18. Vous avez eu chaud*... !

Vous entrez dans une cabine téléphonique pour appeler Max ■ 101

143 **Vous** marchez un peu au hasard. Au bout d'un moment, vous ne reconnaissez plus les rues. Vous êtes dans un quartier que vous ne connaissez pas.

Vous êtes perdu(e) et, par malchance, vous ne vous souvenez plus du nom ni de l'adresse de l'hôtel. Vous avez mal à la tête. Vous n'auriez pas dû boire deux verres à jeun*, avec ce soleil...
Vous entendez soudain une voix derrière vous ■ 15

144

Vous entrez dans un petit studio* aux murs blancs. Il est presque aussi vide qu'une chambre d'hôtel : l'espace n'est occupé que par un lit pliant, une petite table basse, deux chaises, un vieux fauteuil en cuir. Il y a quelques livres de poche sur des étagères, une minichaîne stéréo*, un téléphone équipé d'un répondeur*. Seule une grande carte du monde orne les murs. Vous regardez tous les recoins* de l'appartement, mais vous ne trouvez rien d'utile pour votre enquête. Vous mettez le répondeur téléphonique en marche.
Pour écouter les messages enregistrés ■ 80

145

« **Même** si j'ai peu de chance, ça ne me coûte rien d'essayer.
— En tout cas, ne comptez pas sur moi pour vous aider. Il est exact que Camille Lhermite m'a fait des révélations* lors de l'entretien qu'elle m'a accordé* quand elle logeait au Terminus-Nord. Mais vous ne saurez rien de ce qu'elle m'a raconté. Cette interview sera publiée dans le prochain numéro de *Cinérama*... D'ici là, je l'aurai retrouvée.
— Ça ne fait rien, je me débrouillerai* seul(e). »
Vous vous séparez sur ces propos peu aimables... Il vous a quand même dit le nom de l'hôtel où il a rencontré Camille.
Vous vous rendez à l'hôtel Terminus-Nord ■ 27
Vous préférez suivre discrètement le journaliste ■ 93

146

En sortant, un immense athlète en survêtement rouge vous donne un coup d'épaule. Vous faites remarquer au sportif qu'il vous a bousculé(e)*.
« Hé ! Vous pourriez vous excuser !
— Hein ? C'est à moi que vous parlez ?
— Oui, vous m'avez bousculé(e).
— Quoi ? C'est vous qui m'êtes rentré(e) dedans. Vous êtes gonflé(e)* ! »
Il vous empoigne*, vous soulève et vous jette à terre.

« Voilà, on est quitte, mauviette*... »
Le sportif sort de la salle. Le professeur vous aide à vous relever, mais votre pied enfle* très vite et il constate que vous vous êtes foulé la cheville*. Il vous fait un bandage et vous raccompagne à votre hôtel en voiture. Il vous recommande d'éviter de marcher pendant une semaine.
Vous devez abandonner votre enquête.

Fin

147 **Vous** sonnez au premier étage. Vous avez soudain un remords* : après tout, cette histoire de cœur* ne vous regarde pas.
Mais vous n'avez plus le temps de reculer : la porte s'ouvre, une dame aux cheveux blancs vous dévisage. Vous êtes étonné(e) de vous trouver devant une femme âgée.
« Vous voulez me voir ?...
— Heu... Je cherche Léon...
— Léon ? Mais il n'y a pas de Léon ici, je vis seule avec mon chat.
— J'ai dû faire une erreur... En fait, je cherche plutôt Mlle Lhermite. »
La vieille dame connaît-elle Camille ? ■ 157

148 **Vous** appuyez sur le bouton de la première chaîne et vous vous installez confortablement dans un fauteuil. Vous avez du mal à vous intéresser au jeu télévisé. Vous êtes mort(e) de fatigue*.
Vous vous endormez devant l'écran ■ 156

149 **Quand** vous arrivez dans le hall, vous êtes presque aussi endormi(e) que le réceptionniste qui ronfle* derrière son bureau. Vous vous prenez les pieds dans un tapis et vous dégringolez* dans les escaliers. Le bruit de votre chute a réveillé le réceptionniste et il accourt pour vous remettre debout. Votre jambe vous fait horriblement souffrir et vous avez du mal à regagner l'un des fauteuils du salon, même avec l'aide de l'employé.
Peu après, un médecin vous examine. Il constate que votre jambe est cassée. Votre aventure se finira à l'hôpital. Vous n'avez pas réussi à retrouver Camille Lhermite... Vous entendez déjà la sirène* de l'ambulance*...

Fin

150 **Vous** avez de la chance : un taxi est garé à quelques mètres de là. Vous montez précipitamment* dans la voiture en hurlant* au chauffeur :
« Vite ! Suivez la voiture qui vient de démarrer.
— Ho ! Doucement ! J'suis pas sourd... J'attends un client qui doit arriver d'une minute à l'autre.
— C'est très important ! Vite ! Je vous paie le double si vous rattrapez cette voiture.
— Le double ?... C'est bien pour rendre service... »
Il démarre en trombe*... mais la voiture noire est déjà loin.
       Vous apercevez à peine ses feux arrière dans la nuit ■ 76

151 **Un** taxi vous conduit rapidement jusqu'au 18 rue des Francs-Bourgeois. Vous entrez dans l'immeuble en vous demandant comment vous introduire chez Camille sans clé.
       Vous vous adressez à la concierge ■ 130
       Vous avez l'intention de forcer la porte ■ 142

152 **Vous** attendez depuis une heure. Soudain vous apercevez une femme sortir avec le parapluie à tête de crocodile... Mais ce n'est pas Camille Lhermite. Vous la rattrapez et l'abordez :
« Excusez-moi, il est à vous ce parapluie ?
— Bien sûr qu'il est à moi !
— Où l'avez-vous perdu ?
— Je ne suis pas sûre de l'endroit, je travaille à Paris depuis peu... J'ai loué une chambre d'hôtel le temps de trouver un appartement... C'est là que j'ai dû l'oublier.
— Je n'y comprends rien. Excusez-moi, j'ai dû faire une erreur. »
Elle vous regarde avec un drôle d'air, puis elle s'éloigne.
       Vous restez perplexe* ■ 24

153 **Le** peintre vous accueille dans son atelier. Vous êtes saisi(e) par l'odeur de térébenthine* et par le désordre qui y règne : tubes de peinture, pinceaux, toiles* inachevées, esquisses* sur papier. Un nombre incroyable d'objets sont dispersés aux quatre coins de la pièce. Le tout est baigné d'une lumière douce, filtrée par la grande verrière* qui tient lieu de plafond.

Jacques Dumesnil doit avoir trente ans, il porte un mince collier de barbe. Il est vêtu d'une grande blouse grise maculée* de peinture. Il continue de travailler tout en vous parlant derrière son chevalet* :
« Vous m'excusez, mais j'ai une exposition très prochainement et je dois finir cette toile... »

      Vous dites que vous êtes un(e) ami(e) de Camille Lhermite ■ 125
      Vous dites que vous êtes un amateur* de peinture ■ 104

154 **Vous** parcourez* les petites annonces. Soudain, votre regard est attiré par l'une d'elles entourée au stylo rouge :
Madame Irma. Voyante de renommée mondiale. Résout tous vos problèmes : Amour - Santé - Argent. Consultations sur rendez-vous. Tél. : 45.25.50.50.
Vous jetez un œil sur les mots croisés : les grilles sont remplies avec le même stylo rouge. Vous reconnaissez l'écriture de Camille... Et si elle avait pris rendez-vous avec Mme Irma ?

      Vous descendez dans le hall pour téléphoner ■ 123

155 **Après** avoir acheté votre billet d'entrée, un gardien vous indique la salle de paléontologie*. Elle est remplie de squelettes d'animaux préhistoriques. Un énorme dinosaure* occupe tout le centre de la pièce. Contre les murs, des centaines de fossiles* sont exposés dans des vitrines. Il n'y a que deux personnes isolées et un groupe de touristes dans la salle. Vous observez les deux visiteurs sans pouvoir deviner lequel est celui que vous cherchez.

      Vous attendez un peu ■ 85
      Vous abordez un des deux hommes ■ 33

156 **Vous** vous réveillez soudain devant l'écran blanc : les programmes sont terminés. Vous regardez votre montre : 1 heure du matin.

      Vous décidez de faire quelques pas dehors avant de vous coucher ■ 149

157 « **Ah !** Mlle Lhermite ? Elle, je la connais bien, elle habite juste au-dessus, mais elle n'est pas là... Une brave petite, gentille, elle ne fait jamais de bruit... Enfin, sauf le vendredi soir, entre 6 et 7 heures. Mais je suis un peu sourde, alors ces scènes de ménage, ça ne me gêne pas.

— Elle fait des scènes de ménage* entre 6 et 7 heures tous les vendredis ?
— Du théâtre, quoi. Elle répète une pièce avec un ami, une histoire de mari qui trompe sa femme*.
— Je vois, merci. Au revoir, madame. »
Vous comprenez que la cassette est l'enregistrement d'une répétition. Vous avez perdu beaucoup de temps, il est déjà 17 heures et vous n'avez plus d'indices.
Vous téléphonez à Juliette que vous deviez appeler le matin ■ 67
**Vous téléphonez à Max Riboux
qui a peut-être un nouvel indice* à vous proposer ■ 101**

158

« **Je** suis désolé, mais il n'y a plus votre taille.
— Tant pis... Que me conseillez-vous pour un bal masqué un peu chic ?
— Si vous avez envie de vous faire remarquer, je vous conseille un costume de punk : il est original. Mais si vous préférez un déguisement plus classique, j'ai un très bel arlequin*... »
Choisissez un des deux costumes ■ 133

159

Le lendemain, vous contactez Max en espérant qu'il aura quelques renseignements à vous donner.
Vous lui téléphonez ■ 101

160

Vous vous postez à quelques mètres de la pâtisserie. Un jeune homme ne tarde pas à sortir avec un paquet en forme de pyramide. C'est le livreur. Vous le suivez : il vous mène jusque chez la tante de Camille. Vous attendez au bas de l'escalier. Vous l'entendez monter deux étages. Au bout de quelques instants, il redescend. Vous le croisez tandis que vous montez à votre tour.
Sur le palier*, il y a deux portes.
Vous frappez à celle de droite ■ 9
Vous frappez à celle de gauche ■ 164

161

Le journaliste est absent.
Vous téléphonez à Max ■ 91

162   « **L'hôtel** Beauséjour ! Oui, c'est ça, l'hôtel Beauséjour...
— Mais, c'est juste à côté ! Bon, vous avez l'air sincère*, on va vous montrer le chemin... Mais la prochaine fois, faites attention !
— Merci. »
Un agent de police vous accompagne ■ 71

163   **Vous** demandez à une dame qui promène son caniche* de vous indiquer la station de métro la plus proche. Vous prenez la première rue à droite, comme elle vous l'a indiqué. En lisant la plaque de la rue, vous vous apercevez que vous êtes dans la rue de Vienne.
Vous continuez ■ 54

164   **Personne** ne répond ; elle habite peut-être en face.
Vous frappez à la porte de droite ■ 9

165   **Vous** interpellez un danseur :
« Vous n'auriez pas vu une gitane* ?
— Non, mais je peux vous offrir une gauloise*. »
Il vous tend une cigarette en riant. Vous n'avez pas le temps de plaisanter.
Vous vous adressez au serveur du bar ■ 55
Vous vous dirigez vers la sortie ■ 64

166   **Vous** arrivez devant la porte de Mme Irma. Vous pouvez lire sur la plaque :

Madame IRMA — Voyante
Résout tous vos problèmes : AMOUR - SANTÉ - ARGENT
Résultats garantis
Consultations tous les jours de 10 h à 18 h

Vous sonnez. Un petit homme vêtu d'un costume noir vous ouvre et vous fait signe d'entrer. Vous suivez un long couloir sombre. Vous n'êtes pas très rassuré(e)*, mais vous ne pouvez plus reculer.
L'homme tire un rideau de velours* rouge ■ 21

167

Ce type* vous intrigue*. Il marche très vite et vous courez presque pour le suivre. Il s'arrête d'un seul coup… et vous lui rentrez dedans. Il vous regarde méchamment en vous disant :
« Encore vous ! J'aime pas être suivi… »
Il vous envoie un coup de poing… de toutes ses forces… Vous êtes complètement sonné(e)*.
Quand vous vous réveillez, vous êtes à l'hôpital avec trois côtes* cassées. Vous ne pouvez plus continuer votre enquête… Vous avez perdu.

Fin

168

Vous prenez le métro jusqu'à la porte de Clignancourt qui se situe à deux pas des studios. Vous descendez près du marché aux puces. Vous arrivez aux studios ; ils sont grands mais vous trouvez facilement la loge* n° 5. Grâce à la clé que vous a remise Max, vous ouvrez la porte et entrez dans une pièce sombre. En cherchant à tâtons*, vous trouvez l'interrupteur* : une ampoule pendue au plafond éclaire faiblement la pièce.

Pour continuer votre visite ■ 114

169

Vous rattrapez le spectateur et vous l'abordez :
« Excusez-moi, j'étais dans la salle de cinéma…
— La salle de cinéma ? La salle d'opération, oui ! On enlève, on coupe, on retire, c'est révoltant* ! Un chef-d'œuvre censuré*… Il manque toute la scène des pommes de terres sautées, très importante à mon sens… si on veut bien saisir le caractère névrotique* du héros…
— Heu… Oui… C'est toujours gênant de couper une scène.
— Gênant ? Monstrueux, oui ! C'est un crime qui devrait être puni par la loi !
— Heu… Vous allez souvent au cinéma ?
— Tous les jours, je prépare une thèse sur le cinéma. Et vous ?
— Oh moi, je vais voir un film de temps en temps… Mais je m'intéresse beaucoup à une actrice. Vous connaissez Camille Lhermite ?
— Oui ! J'ai vu ses films. Elle a le talent* d'une grande actrice. Vous verrez, un de ces jours on parlera d'elle…
— Vous croyez ?

— J'en suis sûr. Passez donc chez moi ; je collectionne tout ce qui se rapporte au cinéma français. Je possède des documents sur Camille Lhermite que vous ne connaissez certainement pas. »
Vous acceptez l'invitation du cinéphile* ■ 63
Vous préférez retourner à votre hôtel ■ 36

170 **Vous** lui coupez la parole :
« Excusez-moi... Tout ce que vous me racontez est très intéressant, mais pourriez-vous me parler de Camille Lhermite ?
— Attendez, je n'ai pas fini mon histoire... Je m'étais donc fait passer pour un électricien et, soudain, le metteur en scène* me demande de...
— Écoutez, je suis assez pressé(e)... Vous pourriez me montrer vos documents sur Camille Lhermite ?
— Je vois, mes histoires ne vous intéressent pas. Je vous invite et vous vous fichez de* ce que je peux vous apprendre sur le cinéma français... Vous êtes le genre de personne qui...
— Mais je...
— Non, non, ne vous excusez pas. Je croyais que vous meniez une réelle réflexion sur le septième art*, mais la réalité est bien autre... Au revoir. »
Vous avez vexé le cinéphile, il vous met à la porte.
Vous téléphonez à Max ■ 91
Vous téléphonez au journaliste (si vous ne l'avez pas encore fait) ■ 161

171 **L'inspecteur** vous déclare :
« Je suis désolé, mais nous sommes obligés de vous garder ici.
— Écoutez, je n'ai pas de mauvaises intentions... Vous n'avez qu'à téléphoner à M. Riboux. Voilà son numéro... »
L'inspecteur va téléphoner dans la pièce voisine et revient quelques minutes plus tard.
« Vous avez de la chance de connaître M. Riboux. Il nous a assurés de votre honnêteté. Vous êtes libre.
— Merci.
— Encore un mot : M. Riboux est très en colère, il m'a dit qu'il ne veut plus de vos services... »
Votre aventure s'arrête ici. La prochaine fois, soyez plus prudent(e) !
Fin

Vous faites le tour du quartier, mais il n'y a aucun restaurant ouvert... Vous devez vous contenter d'un sandwich. Vous vous dirigez vers le bar situé en face de l'hôtel. En rentrant, vous croisez un homme qui distribue des prospectus* ; il vous en donne un. Vous le lisez à la lueur d'un réverbère :

Madame IRMA
Voyante de renommée mondiale — Résout tous vos problèmes
ARGENT — SANTÉ — AMOUR
Résultats Garantis
Consultations au 6 rue de la Bienfaisance

**Vous jetez le prospectus et vous rentrez ■ 149
Vous le gardez
avec l'intention d'aller chez Mme Irma le lendemain ■ 105**

Faites vos jeux !

Une actrice a disparu se prête plus particulièrement à une approche individuelle puisque le lecteur est invité à choisir son propre itinéraire.

Cependant, cette lecture peut être enrichie. Après ce parcours « en solitaire » (malgré les nombreux personnages que vous rencontrez au cours de votre lecture), des activités variées peuvent être réalisées à partir du texte, à l'oral, individuellement ou en groupe. Voici quelques suggestions :

- ☐ Reconstituer l'itinéraire de lecture suivi (ou le résumer) et, si l'on est plusieurs, comparer les différentes lectures.
- ☐ Répertorier les différents personnages rencontrés et en faire le portrait (à partir des informations données dans le texte ou suivant votre imagination).
- ☐ Imaginer des titres de journaux annonçant la disparition de l'actrice, la poursuite vaine des recherches, la solution de l'énigme.
- ☐ Localiser les différents lieux sur un plan de Paris.

Outre ces suggestions, nous vous proposons une série d'activités écrites qui doivent vous permettre, d'une part, une meilleure compréhension du texte et de la langue française, d'autre part, d'aborder certains aspects de la culture française.

Ces activités peuvent être réalisées après la lecture complète de *Une actrice a disparu* (« Questions de bons sens ») ou en cours de lecture (« Jeux de société », « Sur le bout de la langue »). Tout cela est suivi d'un corrigé où vous trouverez les réponses à nos questions.

Questions de bon sens

Les numéros renvoient aux chapitres dont il est question.

SITUATION INITIALE

1
- ☐ Qui est Max Riboux ?
- ☐ Quand l'actrice a-t-elle disparu ?
- ☐ Quand le tournage a-t-il commencé ?
- ☐ Où sont tournées les dernières scènes du film ?
- ☐ Quand le film doit-il être terminé ?
- ☐ Quelle est la durée totale prévue pour le tournage ?

75
- ☐ Quelles informations vous donne Max Riboux ?
- ☐ De combien de temps disposez-vous pour retrouver Camille Lhermite ?
- ☐ Quelle sera votre récompense si vous la retrouvez ?

AUTRES SITUATIONS

9
- ☐ Qui est la vieille dame ? Pourquoi allez-vous lui rendre visite ?

22
- ☐ Pourquoi Camille Lhermite fait-elle de la gymnastique ?
  Est-ce qu'elle fait de la gymnastique toutes les semaines ?

25
- ☐ Pourquoi Dédé (le client) vous fait-il un clin d'œil ?
  a - Parce qu'il connaît Camille.
  b - Parce que vous recherchez Camille.
  c - Parce qu'il a reconnu votre accent.
- ☐ « Vous n'avez pas de pot. » Quel est le sens de cette expression ?
  a - Vous n'aimez pas le potage.
  b - Vous n'avez pas de chance.
  c - Vous n'êtes pas un artiste.

32
- ☐ Quels sont les gâteaux que préfère Camille ?
- ☐ Est-ce que sa tante aime les éclairs ?
- ☐ Expliquez l'expression « ça doit être de famille ».

45
- ☐ Est-ce que Camille a choisi son métier ?
- ☐ Sa famille était-elle d'accord avec ce choix ? Et la tante de Camille ?

53 ☐ La vieille dame vous montre un portrait de Camille. Qu'est-ce que c'est ?
    a - Une photo.
    b - Un dessin.
    c - Une toile peinte.
☐ Qui est J. Dumesnil ?
☐ Qu'est-ce que le Minitel ?
    a - Un annuaire électronique.
    b - Un téléphone à carte.
    c - Un carnet d'adresses personnel.

76 ☐ « Vous gagnez peu à peu du terrain. » Cela veut dire que :
    a - Vous ne voyez plus la voiture que vous suivez.
    b - Vous vous rapprochez de la voiture.
    c - Vous vous éloignez de la voiture.
☐ Est-ce que le chauffeur peut aller plus vite ? Pourquoi ?

86 ☐ Est-ce qu'il y a beaucoup de monde à l'intérieur du café ? Pourquoi ?

98 ☐ Est-ce que le serveur connaît Camille ?
☐ Quel conseil vous donne-t-il ?

114 ☐ Qu'est-ce qu'une loge ?
    a - Une petite pièce où les acteurs se préparent.
    b - Un meuble avec un miroir.
    c - Une garde-robe.
☐ Est-ce que Camille a laissé des vêtements dans sa loge ?

117 ☐ Pensez-vous que Camille est invitée au bal masqué ? (Le livre que vous feuilletez est à elle.)

122 ☐ « Vous jetez un œil sur le consommateur. » Cela veut dire que :
    a - Vous le regardez avec grand intérêt.
    b - Vous le regardez avec insistance.
    c - Vous le regardez rapidement.
☐ Quel est l'âge du consommateur ?
☐ Qu'est-ce qu'il a bu ?

126 ☐ Pourquoi le peintre précise-t-il « Je parle du tableau, naturellement » ? (Lire aussi le n° 125.)

133 ☐ Pourquoi les clients de l'hôtel sont-ils surpris ?

136 ☐ Est-ce que tout le monde est costumé et masqué ?
☐ Est-ce que tous les invités connaissent l'identité des autres invités ?
☐ Que fait le vampire ?
   a - Il boit avec le loup-garou.
   b - Il danse avec le loup-garou.
   c - Il mange avec le loup-garou.

138 ☐ « Vous trouverez l'adresse dans l'annuaire. » Pourriez-vous également y trouver le numéro de téléphone ?
☐ Est-ce que les costumes loués sont neufs ?
☐ Pouvez-vous louer le costume de torero ? Pourquoi ? (Lire aussi le n° 158.)

150 ☐ Pourquoi pensez-vous que le chauffeur « démarre en trombe » (part rapidement) ?
   a - Pour vous rendre service.
   b - Parce que vous le payez le double.
   c - Parce qu'il n'a pas de client.

Jeux de société
Paris nous appartient

LE MÉTRO

Choisissez deux stations de métro au hasard. Cherchez ensuite l'itinéraire le plus court.

Ex. : Métro « Palais-Royal » → Métro « Gare d'Austerlitz »
 Au métro « Palais-Royal » vous prenez la direction « Château de Vincennes », vous changez à « Bastille » et vous prenez la direction « Place d'Italie ».

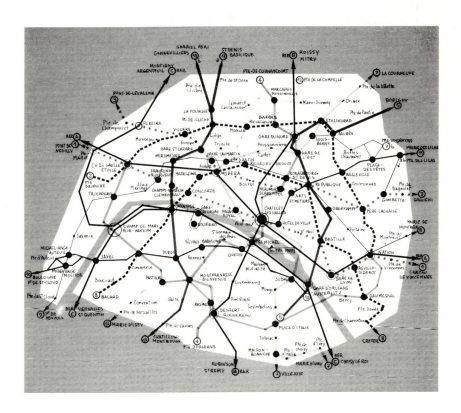

LES GARES

À quelle gare devez-vous prendre votre train ? Si vous allez à...

1. gare du Nord
2. gare Saint-Lazare
3. gare de l'Est
4. gare de Lyon
5. gare Montparnasse
6. gare d'Austerlitz

Situez ces gares sur le plan
de métro p. 65, cela vous aidera.

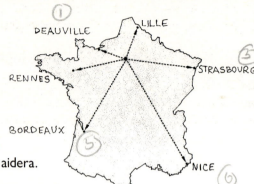

PARIS AU QUOTIDIEN

Petit vocabulaire du voyageur parisien : retrouvez la signification des mots en italique. (Ce n'est pas facile ! Faites des hypothèses d'après le contexte.)

- ☐ La radio annonce : « Comme tous les samedis après-midi, embouteillage sur *les Grands-Boulevards*... »
- ☐ Pour aller au marché aux puces, prenez *le PC* jusqu'à la porte de Clignancourt.
- ☐ Tu ne veux pas acheter des tickets de métro tous les jours ? Achète *une carte orange*, c'est plus économique !
- ☐ Il a eu un accident sur *le « périph »*, aux environs de minuit. À cette heure-là, les gens roulent comme des fous !

COMPRENDRE LES SIGLES

Que signifient les sigles suivants ? (Faites des hypothèses d'après le contexte.)

- ☐ Il se dirige vers la station de RER, en face du jardin du Luxembourg.
- ☐ Avec le TGV, vous partez à 10 heures de Lyon et vous êtes à Paris à midi.
- ☐ Les employés de la RATP sont en grève : aucun métro aujourd'hui sur la ligne 4.
- ☐ Quand il était petit, il voulait être chef de gare. Aujourd'hui il travaille à la SNCF.

GEOGRAPHIE DE PARIS

☐ Palais-Royal ☐ la Seine ☐ Montmartre ☐ Monceau ☐ Saint-Louis ☐ Montparnasse ☐ les Tuileries ☐ la montagne Sainte-Geneviève ☐ le Luxembourg ☐ la Cité ☐ la Butte-aux-Cailles...

Complétez :
son fleuve : *la Seine*
ses îles : *la cité, St Louis*
ses collines : *Montmartre, la montagne*
ses jardins : *Monceau, les Tuileries, le Luxembourg*

CURIOSITES TOURISTIQUES

Identifiez ces différents monuments (ou lieux) et complétez les légendes.

1. *Sacré Coeur*
2. *l'Opéra*
3. *Pompidou*
4. *Arc de Triomphe*
5. *Assemblée nationale*
6. *Notre Dame*
7. *Tour Eiffel*
8. *les Invalides*
9. *Panthéon*
10. *Tour de Montparnasse*

MONUMENTS ET MUSEES

À chaque quartier son monument ou son musée.

1. Le Quartier latin — a. L'Arc de Triomphe
2. Montmartre — b. Le Centre Georges-Pompidou
3. Les Champs-Élysées — c. Le Panthéon
4. Les Halles — d. Le musée Carnavalet
5. Le Marais — e. Le Sacré-Cœur

JOUR ET NUIT

Aujourd'hui, pourquoi ces lieux sont-ils célèbres à Paris ?

1. La Comédie-Française — a. cabaret
2. Orsay — b. grand magasin
3. Les Deux Magots — c. cinéma
4. Maxim's — d. club de jazz
5. Le Caveau de la Huchette — e. café
6. Le Paradis Latin — f. restaurant
7. Le Grand Rex — g. musée
8. La Samaritaine — h. théâtre

LES HALLES

Autrefois, les Halles étaient le principal marché parisien (produits alimentaires). C'est aujourd'hui un grand centre commercial (prêt-à-porter à la mode).

Magasins, boutiques, marchés, salles de vente... tous ces lieux sont nombreux à Paris. Certains ont une spécialité. Retrouvez-la.

Ex : Le Carré Marigny ⟶ timbres

1. Le marché aux puces — a. alimentation (bon marché)
2. La salle Drouot — b. antiquités
3. Les bouquinistes — c. livres anciens
4. Le marché St-Pierre — d. fripes (vieux vêtements)
5. Le marché d'Aligre — e. tissu

CES HOMMES POLITIQUES

Paris est le siège du gouvernement et de nombreux pouvoirs politiques. Où travaillent ces responsables politiques ?

Ex : Élysée ⟶ le président de la République
- *c* 1. Matignon
- *e* 2. Palais du Luxembourg
- *b* 3. Palais Bourbon
- *f* 4. Place Beauvau
- *d* 5. Quai d'Orsay
- *a* 6. Rue de Rivoli

a. le ministre des Finances
b. les députés
c. le Premier ministre
d. le ministre des Affaires Étrangères
e. les sénateurs
f. le ministre de l'Intérieur

QUI DIT VRAI ?

	V	F
1. Le Bazar de l'Hôtel-de-Ville est un grand magasin.	X	
2. La rive droite est la partie sud de Paris.		X
3. Paris est divisé en 18 arrondissements.		X
4. Autrefois, Paris s'appelait Lutèce.		X
5. Le XVIe est un quartier populaire.		X
6. Le pont Neuf a été « emballé » par Cristo.	X	

CE QUE DISENT LES PARISIENS

Certains lieux parisiens ont deux noms. Les Parisiens ont l'habitude de les nommer d'une certaine façon, les autres les appellent autrement.

Retrouvez les mots équivalents :
1. Beaubourg *b*
2. Roissy *e*
3. l'Étoile *a*
4. le Châtelet *d*
5. la Villette *c*

a. l'Arc de Triomphe
b. le Centre Georges-Pompidou
c. la Cité des sciences et de l'industrie
d. le Théâtre musical de Paris
e. l'aéroport Charles-de-Gaulle

NOMS DES RUES

Villes étrangères

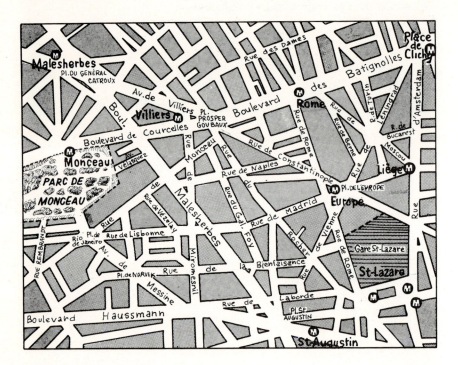

- ☐ Vous êtes rue de Vienne et vous lisez les indications de Mme Irma (88). Tracez sur le plan le parcours qu'elle vous a indiqué. Si vous ne trouvez pas, lisez le chapitre 54.

- ☐ Vous êtes à la gare St-Lazare. Une personne vous demande comment aller au parc Monceau. Vous le lui expliquez (en utilisant les verbes *aller, tourner, traverser, continuer, passer par, prendre...*).
  Une autre personne vous demande comment aller avenue de Villiers. Vous le lui expliquez aussi.

- ☐ Dans ce quartier, beaucoup de rues portent des noms de villes étrangères. Relevez tous ces noms et retrouvez leur pays d'origine.

- ☐ Et dans votre ville ? Y a-t-il des rues portant des noms français ? Si on créait de nouvelles rues, quels noms français leur donneriez-vous ?

Hommes célèbres

Beaucoup de rues portent le nom de personnages connus. En voici quelques-uns : pourquoi ces hommes sont-ils célèbres ?

Ex. : boulevard Voltaire : écrivain français, XVIIIe siècle.
 rue Georges-Bizet : _Musicien XII siècle_
 rue Léonard-de-Vinci : _Peintre XV siècle Italien XV_
 avenue Victor-Hugo : _Écrivain français XVIII siècle_
 rue Copernic : _____
 boulevard Pasteur : _Chimiste Français XX_
 avenue Franklin-Roosevelt : _Politicien américain XX_
 rue Jean-Mermoz : _Aviateur français XX_

C'est gastronomique!

BOULANGERIE-PATISSERIE

Tout le monde connaît les croissants, mais connaissez-vous la pâtisserie française ?
Retrouvez le nom de ces gâteaux (113) :
a. baba au rhum
b. éclair
c. religieuse
d. tartelette aux fruits
e. mille-feuille

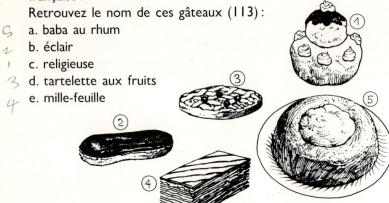

UN KIR, QU'EST-CE QUE C'EST ?

Retrouvez la composition des boissons suivantes :

Ex. : un kir ⟶ crème de cassis + vin blanc (13)
1. un panaché
2. un kir royal
3. un perroquet
4. une tomate
5. un tango
6. une valse
7. un monaco

a. pastis + sirop de grenadine
b. bière + limonade
c. bière + limonade + sirop de grenadine
d. pastis + sirop de menthe
e. crème de cassis (ou de framboise) + champagne
f. bière + limonade + sirop de menthe
g. bière + sirop de grenadine

VOUS AVEZ CHOISI ?

Voici une liste de plats servis dans un restaurant. Reconstituez le menu en retrouvant à quelle catégorie appartient chacun d'eux.

1. Chèvre
2. Sorbets
3. Salade niçoise
4. Œufs mimosa
5. Truite aux amandes
6. Cantal
7. Clafoutis
8. Côtelettes de porc
9. Gigot d'agneau
10. Tarte aux poireaux
11. Sole meunière
12. Crème caramel
13. Camembert
14. Calmars à l'américaine
15. Andouillette grillée

Hors-d'œuvre : _Salade niçoise / 10 / 15_
Viandes : _Côtelettes de Porc / Gigot d'agneau_
Poissons : _Sole meunière / 5 / 14_
Fromages : _13 / 1 / 6_
Desserts : _12 / 2 / 7_

LA CUISINE REGIONALE

Dans quel restaurant pourriez-vous manger les spécialités suivantes ?

Ex : le cassoulet ⟶ Aux Trois Canards (17)

1. la choucroute
2. le confit d'oie
3. la bouillabaisse
4. les tripes à la mode de Caen
5. le coq au vin

a. *Au Provençal*
b. *La Taverne d'Alsace*
c. *Le Relais Bourguignon*
d. *La Rôtisserie du Périgord*
e. *Au Trou Normand*

Téléphone-moi

TELECARTE

La Télécarte vous permet de téléphoner **partout et sans monnaie** à partir d'un publiphone à cartes.
Vous pouvez l'acheter dans les Bureaux de Poste, les agences commerciales des Télécommunications, ou auprès des «revendeurs agréés» facilement reconnaissables par une signalisation Télécarte.
Deux types de cartes sont proposés :

40 unités
PRIX : 30,80 F

120 unités
PRIX : 92,40 F

1. La télécarte sert à :
   a - retirer de l'argent par téléphone.
   b - payer moins cher vos communications.
   (c) - téléphoner sans monnaie.
2. Qu'est-ce qu'un « publiphone » ?
   a - un téléphone plus beau.
   (b) - un téléphone public.
   c - une agence de télécommunication.
3. La télécarte vous permet de téléphoner à partir :
   (a) - d'un téléphone à cartes.
   b - d'une cabine à pièces.
   c - de chez vous.
   d - de toutes les cabines téléphoniques.

UN COUP DE FIL

Retrouvez l'ordre logique du texte.

Elle entre dans une cabine téléphonique [1] et compose le numéro [3] — Allô, pourrais-je parler à Pierre ? [4] Elle décroche le combiné [2] Elle raccroche [8] — Il est absent [5] La conversation est terminée [7] et sort de la cabine [9] — Ça ne fait rien, je rappellerai [6]

NUMERO DE TELEPHONE

En France, comment trouver le numéro de téléphone d'une personne ?
(Plusieurs réponses sont possibles.)

1. en téléphonant à l'horloge parlante.
2. en téléphonant aux renseignements.
3. en cherchant dans un annuaire.
4. en appelant le service des réclamations.
5. en consultant le Minitel (annuaire électronique).
6. en appelant les pompiers.

Cinémascope

PROFESSIONS DU CINEMA

Voici une partie de l'équipe qui travaille sur le film *La Bouche de métro*. Leurs noms figureront au générique.

Producteur : Max Riboux
Scénariste : Jean Simon
Metteur en scène : Alain Levasseur
Cameraman : Thierry Bazin
Décorateur : Didier Haloche

Monteur : Marc Darras
Ingénieur du son : Béatrice Bidot
Éclairagiste : Olivier Horn
Maquilleuse : Juliette Clément

Répondez aux questions suivantes :
1. Qui a fait la prise de vue ? _____ Thierry Bazin
2. Qui a réalisé les décors ? _____ Didier Haloche
3. Qui dirige les acteurs ? _____ Alain Levasseur
4. Qui règle les lumières ? _____ Olivier Horn
5. Qui va assembler les différentes scènes filmées ? _____ Marc Darras
6. Qui a écrit l'histoire ? _____ Jean Simon
7. Qui s'occupe des visages des acteurs ? _____ Juliette Clément
8. Qui finance le film ? _____ Max Riboux
9. Qui s'occupe des bruitages ? _____ Béatrice Bidot

FILMS EN SALLES

Plusieurs hebdomadaires vous informent sur tous les spectacles et les loisirs à Paris. Regardez l'extrait de *L'Officiel des spectacles* (n° 2 082), à la rubrique « Cinéma » (films présentés par ordre alphabétique), et répondez aux questions.

1. Quel est le genre de film que vous préférez ?
2. ☐ Vous avez vu l'un de ces films. Avez-vous aimé ce film ? Pourquoi ?
   ☐ Vous n'avez vu aucun des ces films. Lequel aimeriez-vous voir ? Pourquoi ?
3. Vous êtes dans le XIVe arrondissement. Quels sont les films qui passent dans ce quartier ?

4. Que signifie (vo) ?
5. Quel est le film interdit aux moins de 18 ans ?
6. Quel est le réalisateur du film *Double messieurs* ?
7. Quels sont les films dont le thème est la conquête de l'espace ?

DOUBLE MESSIEURS. — Franç., coul. (85). Comédie dramatique, de Jean-François Stévenin : Deux vieux copains se retrouvent et se mettent en quête d'un troisième larron. Mais quand on entre dans la vie des gens sans prévenir, on risque d'être mal reçu... Avec Carole Bouquet, Yves Afonso, Jean-François Stévenin, Jean-Pierre Kohut-Svelko, Dominique Sampieri, Serge Valesi, Pierre Edelman, Henri Baur. **Forum Orient Express 1ᵉʳ, Saint-André des Arts 6ᵉ, Gaumont Parnasse 14ᵉ.**

DOWN BY LAW. — Amér., noir et blanc. (85). Comédie dramatique, de Jim Jarmusch : Un ancien disc-jockey et un petit maquereau, compagnons de cellule, retrouvent une certaine foi dans l'existence, grâce à l'optimisme inébranlable d'un touriste italien. Avec Tom Waits, John Lurie, Roberto Benigni, Nicoletta Braschi, Ellen Barkin, Billie Neal. **Gaumont les Halles 1ᵉʳ** (vo), **Gaumont Opéra 2ᵉ** (vo), **14 Juillet Odéon 6ᵉ** (vo), **Saint-André-des-Arts 6ᵉ** (vo), **Pagode 7ᵉ** (vo), **Gaumont Colisée 8ᵉ** (vo), **14 Juillet Bastille 11ᵉ** (vo), **Escurial Panorama 13ᵉ** (vo), **Gaumont Parnasse 14ᵉ** (vo), **14 Juillet Beaugrenelle 15ᵉ** (vo).

☐ EMPIRE DES SENS (L') (Ai no corrida). — Japonais, coul. (75). Drame érotique, de Nagisa Oshima : Un amour sensuel qui va jusqu'à la mort, entre un aubergiste et sa servante. Avec Eiko Matsuda, Tatsuya Fuji. **Lucernaire 6ᵉ** (vo), **Maxéville 9ᵉ.**

EN DIRECT DE L'ESPACE (The dream is alive). — Amér., coul. (84). Document, de Graeme Ferguson : trois vols dans l'espace... « comme si vous y étiez ». Au même programme : Les comètes. **La Géode 19ᵉ.**

ENQUETE DE L'INSPECTEUR MORGAN (L') (Chance meeting). — Brit., noir et blanc (59). Policier, de Joseph Losey : Un peintre d'origine hollandaise établi à Londres, se retrouve accusé de l'assassinat de sa maîtresse. La vérité est toute autre... Avec Hardy Kruger, Stanley Baker, Micheline Presle, Robert Flemyng, Gordon Jackson. **(Voir rubrique « Nouveaux films ».)**

ESPOIR (L'). — Franco-espagnol (39-45). Evocation, d'André Malraux : Chronique de la guerre d'Espagne. D'après le livre d'André Malraux. Avec Andrès Mejuto, Nicola Rodriguez, José Lado. **Latina 4ᵉ.**

ESQUIMAUDE A FROID (L'). — Hongrois, coul. (84). Drame sentimental, de Janos Xantus : Un pianiste renonce à sa carrière de musicien classique pour fonder un orchestre moderne avec la femme qu'il aime. Mais le mari de celle-ci, les suit sans cesse... Avec Marietta Mehes, Boguslaw Linda, Andor Lukats. **Ciné Beaubourg 3ᵉ** (vo), **Reflet Médicis 5ᵉ** (vo), **Saint-Lambert 15ᵉ** (vo).

ETOFFE DES HEROS (L'). — Amér., coul. (83). Aventures spatiales, de Philip Kaufman : Evocation de l'épopée des astronautes américains. Avec Barbara Hershey, Scott Glenn, Dennis Quaid, Sam Shepard, Kim Stanley. **Grand Pavois 15ᵉ.**

L'ACTRICE PRINCIPALE

Camille Lhermite est l'actrice principale du film *La Bouche de métro*. Retrouvez l'actrice principale des films suivants :

1. *La Dentellière*
2. *Le Dernier Métro*
3. *Et Dieu créa la femme*
4. *La Gifle*
5. *La Vie devant soi*

a. Catherine Deneuve
b. Simone Signoret
c. Brigitte Bardot
d. Isabelle Hupert
e. Isabelle Adjani

ETES-VOUS CINEPHILE ?

Cinéma-test :

1. Qui était Louis Lumière ?
2. Qu'est-ce qu'une « salle d'art et d'essai » ?
3. Citez deux réalisateurs de « la nouvelle vague »
4. Quelle actrice se cache sous les initiales de B.B. ?
5. Citez deux acteurs comiques français.
6. Qu'est-ce qu'une « avant-première » ?
7. Qu'est-ce qu'un « sous-titrage » ?

Parmi les films suivants, un seul n'est pas de François Truffaut. Lequel ?

☐ *Vivement dimanche*
☐ *La Femme d'à côté*
☐ *À nos amours*
☐ *Les 400 Coups*
☐ *Le Dernier Métro*
☐ *La Nuit américaine*

CINEMA ET LITTERATURE

Paris au mois d'août (63) est un film réalisé d'après le roman de René Fallet. Ces cinq films sont des adaptations cinématographiques de romans ou de pièces de théâtre. Retrouvez leurs auteurs.

1. *Les Liaisons dangereuses*
2. *La Bête humaine*
3. *Zazie dans le métro*
4. *Le Diable au corps*
5. *Les Misérables*

a. Émile Zola
b. Pierre Choderlos de Laclos
c. Victor Hugo
d. Raymond Radiguet
e. Raymond Queneau

Sur le bout de la langue

LANGAGE FAMILIER

Retrouvez le sens de ces mots.

1. une mauviette (50)
2. un flic (84)
3. un type (98)
4. une gamine (57)
5. un coup de fil (80)
6. un boulot (42)

a. un policier
b. une petite fille
c. une personne sans force
d. un appel téléphonique
e. un travail
f. un homme

QUEL EST LE SENS DE CES EXPRESSIONS ?

Reliez chaque expression et son sens.

1. tomber dans le panneau (16)
2. mener (quelqu'un) en bateau (16)
3. être dans le pétrin (60)
4. donner du fil à retordre (57)
5. avoir un faible pour (32)

a. connaître une situation difficile
b. créer des problèmes, des difficultés
c. aimer particulièrement
d. se laisser prendre au piège
e. faire croire quelque chose qui n'est pas vrai

EXPRESSIONS IMAGEES

Complétez les phrases avec les expressions suivantes : *avoir l'oreille (18), faire un clin d'œil (25), jeter un coup d'œil (90), nez à nez (12), coûter les yeux de la tête (18), à l'œil (18).*

☐ Il ouvre la porte et se retrouve _____ avec la la concierge.

☐ Aujourd'hui, tout est très cher. Louer un appartement, ça _____ _____ .

☐ Il ne paie jamais sa place au cinéma : il a une amie ouvreuse qui le fait rentrer _____ .

☐ Quand elle entend klaxonner, elle _____ par la fenêtre pour voir si c'est lui.

☐ Je crois qu'il est d'accord : il m'a _____ hier quand on en parlait.

☐ Il connaît tous les instruments. On peut dire qu'il _____ _____ musicale !

NOMS ISSUS DE VERBES

Retrouvez les noms issus des verbes suivants.

Ex. : disparaître : une disparition
enregistrer : _____
se déguiser : _____
se costumer : _____
tourner (un film) : _____
rembourser : _____
plaisanter : _____
expliquer : _____
regarder : _____

MASCULIN-FEMININ

Complétez :

Ex. : acteur   actrice
_____   institutrice
_____   concierge
inspecteur   _____
_____   caissière
réceptionniste   _____
serveur   _____
_____   employée

ACCORD DES ADJECTIFS

Complétez les phrases avec les adjectifs suivants : *noir, vieux, ancien, nouveau, joli, brun, bleu, précédent.*

Ex. : La voiture *noire* est déjà loin.
Vous entrez dans une _____ boutique.
Vous arrivez devant une maison _____ .
J'ai de _____ informations qui peuvent vous aider.
Il y a de _____ filles.
Elle est _____ aux yeux _____ .
Vous n'avez pas vu les épisodes _____ .

DOUBLE SENS

Pendule, coiffeuse, modèle, gitane, ménage, religieuse.
Tous ces mots ont un double sens. Complétez les phrases suivantes. Chaque mot doit apparaître deux fois : dans la colonne A (phrases du texte) et dans la colonne B (autre sens).

A

☐ Elle fait tourner son *pendule*. (72)

☐ Ici ce sont les babas au rhum ; à côté des éclairs, des _____ au café et au chocolat. (113)

☐ Vous ouvrez le tiroir de la _____ . (114)

☐ Pas moins de quinze séances de pose… Enfin, on n'a pas tous les jours un aussi beau _____ ! (125)

☐ Une _____ vous invite à danser. (136)

☐ Je suis un peu sourde, alors ces scènes de _____ , ça ne me gêne pas. (157)

B

☐ Tu connais ce _____ de voiture ?

☐ « Tu es très élégante ! — Je sors de chez ma _____ . »

☐ Il est sorti du tabac et m'a offert une _____ .

☐ Tu peux me dire l'heure ? La *pendule* est sur la cheminée.

☐ C'est la jeune femme qui vient faire le _____ chez lui.

☐ Elle ne voit pas souvent sa sœur qui est _____ dans un couvent à Tours.

LE PEINTRE DANS SON ATELIER

Complétez le texte avec les mots suivants : *toile, pinceau, portrait, peintre, peindre, esquisses, chevalet, atelier, modèle.*

Jacques Dumesnil est _____ . Il travaille dans son _____ _____ rue Lepic. Quand j'entre, il est en train de _____ ; il y a une _____ sur son _____ . Un _____ _____ est en train de poser ; Jacques Dumesnil fait son _____ _____ au _____ . Avant de commencer, il avait fait plusieurs _____ au crayon.

EXPRIMEZ LA RAPIDITE

Imaginez que la scène suivante soit filmée. Lors de sa projection, la vitesse est accélérée.
Complétez avec les mots ou expressions suivants : *d'un trait, soudain, vite, rapide, quatre à quatre, en trombe.*

Monsieur Lepouce descend les escaliers _____ . Il se dirige d'un pas _____ jusqu'au café. Il commande un citron pressé qu'il avale _____ . Il retourne chez lui, monte sur son vélomoteur et démarre _____ . Il roule très _____ , quand, _____ , il s'arrête : un escargot traverse la rue.

EXPRESSION DU TEMPS

Lisez le chapitre 40 et soulignez les mots qui expriment la durée.
Complétez le texte avec les expressions suivantes : *il y a, pendant, toujours pas, jusqu'à, au bout de, depuis.*

Juliette a rendez-vous à 15 heures place des Vosges. Elle est là _____ 14 h 45. Elle attend _____ un quart d'heure, mais à 15 heures, son amie n'est _____ là. _____ une demi-heure, elle commence à s'impatienter. Elle décide d'attendre _____ 15 h 30. Son amie arrive avec 30 minutes de retard, _____ 45 minutes que Juliette attend.

ADVERBES

Complétez les phrases avec des adverbes construits à partir des adjectifs suivants : *rapide, méchant, habituel, immédiat, discret, amoureux, horrible.*

Ex. : Vous descendez *rapidement* de la voiture.
Le colosse vous regarde _____ .
Il porte _____ un costume gris et des chaussettes jaunes.
D'accord, je pars _____ .
Vous vous glissez _____ derrière la porte.
Il la regarde _____ .
Votre jambe vous fait _____ souffrir.

ADVERBES DE TEMPS

Complétez avec *déjà, pas encore, bientôt, presque.*

1. « Tu n'as pas vu ce film ?
   — Non, je ne l'ai _____ vu. »
2. « Vous vous connaissez ?
   — Oui, on s'est _____ rencontré. »
3. « Pierre est là ?
   — Non, _____, mais il va _____ arriver. »
4. « Tu viens ?
   — Oui. Attends une minute, j'ai _____ fini. »
5. « J'aime cette ville. Est-ce que vous y êtes _____ allé ?
   — Non, _____, mais j'aimerais y aller. »
6. « Je vais _____ partir.
   — Attends ! Il est _____ 8 heures, Jacques arrive dans cinq minutes. »

QUI, QUE, OÙ

Complétez.

Il vous répond dans une langue _____ vous ne connaissez pas.
Il s'adresse au mécanicien _____ est seul dans le garage.
Je cherche Camille. Savez-vous _____ je peux la trouver ?
Vous vous apercevez _____ vous n'avez plus aucune piste à suivre.
C'est à moi _____ vous parlez ?
Au moment _____ vous lui répondez, le téléphone sonne.
Je cherche une femme _____ a perdu son parapluie.
« _____ es-tu ? _____ veux-tu ? » me dit-elle.

EN OU Y ?

Répondez aux questions en employant EN ou Y.

Ex. : « Est-ce que Camille mange des éclairs au chocolat ?
    — Oui, elle en mange. »
1. Camille est dans son studio ?
2. Serge travaille au Muséum ?
3. Vous prenez un café ?
4. Est-ce que Camille joue du piano ?

5. Juliette va-t-elle au gymnase ?
6. J. Dumesnil parle-t-il de son travail ?

STYLE INDIRECT

Récrivez le dialogue du chapitre 38 en employant le style indirect :
Vous vous adressez à une employée assise derrière le guichet. Vous lui dites que vous cherchez...

Même exercice avec le chapitre 83 :
Vous vous excusez, vous dites que le nombre 13 vous porte bonheur et demandez si la chambre n° 13 est libre...

STYLE DIRECT

À partir de la situation du chapitre 132, imaginez un dialogue entre le buraliste et vous.

Au chapitre 85, imaginez que vous abordez Serge. Quelle pourrait être sa réaction ? Imaginez un dialogue entre lui et vous.

Dans les deux cas, trouvez un partenaire qui vous donne la réplique.

INTERROGATIONS

Posez une question portant sur les mots en italique.

Ex. : Vous présentez votre invitation *au portier*.
   À qui présentez-vous votre invitation ?
1. Vous présentez *votre invitation* au portier.
2. Vous allez *à la pâtisserie*.
3. Vous demandez au réceptionniste *de vous réveiller*.
4. Vous rentrez à l'hôtel *en métro*.
5. Vous êtes en communication *avec l'horloge parlante*.
6. Je travaille ici *depuis quelques jours*.

RECIT AU PASSE

Le chapitre 34 est au présent. Mettez les verbes au passé. (Attention à la concordance des temps !)
À l'entrée du gymnase, un colosse en survêtement vous a demandé votre carte de membre du club. Vous lui avez expliqué que vous veniez pour la première fois...

FUTUR PROCHE / FUTUR SIMPLE

Complétez.

Ex. : Je vais vous le dire.   Moi aussi, je vous le dirai.
     Je vais t'expliquer.   Moi aussi, _____
     _____   Elle aussi, elle sera absente.
     Nous allons lui répondre.   _____
     On va vous accompagner.   Nous aussi, _____
     Je vais réfléchir.   _____

FUTUR SIMPLE

Le chapitre 8 est au présent. Mettez les verbes au futur simple :

Votre patience sera récompensée : le journaliste sortira enfin. Vous le suivrez...

CONDITIONNEL PRESENT

Si j'avais un déguisement, j'irais au bal masqué. (imparfait/conditionnel présent)

Sur ce modèle, conjuguez les verbes des phrases suivantes :

Si je (avoir) une voiture, je (arriver) à l'heure.
Si le musée n'(être) pas fermé, tu (pouvoir) le visiter.
Si vous m'(écouter), vous (comprendre).
Si le voisin me (connaître), il m'(inviter).
Si le journaliste (rencontrer) l'acteur, il l'(interroger).
Si tu (regarder) la télé, tu la (voir) aux informations.

CONDITIONNEL PASSE

Si j'avais eu un déguisement, je serais allé au bal masqué. (plus-que-parfait/conditionnel passé)

Sur ce modèle, conjuguez les verbes des phrases de l'exercice précédent.

Solutions

QUESTIONS DE BON SENS

1   Le producteur du film ☐ Il y a une semaine ☐ Il y a un mois ☐ En studio ☐ Dans 15 jours ☐ 6 semaines.

75   Il vous donne des photos de Camille, les clés de sa loge et la carte de visite du journaliste Félix Poussin. ☐ Vous disposez d'une semaine pour la retrouver. ☐ 50 000 francs.

9   La tante de Camille ☐ Parce que Camille va souvent la voir.

22   Parce qu'elle veut perdre des calories. ☐ Non, seulement quand elle mange des gâteaux.

25   c ☐ b

32   Les éclairs ☐ Oui ☐ Camille et sa tante aiment les éclairs et toute la famille les aime sans doute aussi.

45   Oui (« C'est vraiment ce qu'elle voulait faire. ») ☐ Non, toute sa famille a essayé de la décourager, sauf sa tante qui l'a aidée.

53   c ☐ Le peintre qui a fait le portrait de Camille ☐ a.

76   b ☐ Non, car il roule déjà à 90 km/heure. (En France, la vitesse en ville est limitée à 60 km/heure.)

86   Non, car tous les clients sont sur la terrasse. ☐ Pour être au soleil.

98   Non (car il travaille dans ce café depuis peu de temps). ☐Il vous conseille d'interroger un client qui a l'habitude de venir dans ce café.

114   a ☐Non, elle a seulement laissé un foulard.

117   Oui (car l'invitation est dans un livre qui appartient à Camille).

122   c ☐ Il a environ 40 ans. ☐ Plusieurs bouteilles de bière.

126   Car vous pensez peut-être qu'il parle du modèle.

133   Car vous êtes déguisé(e).

136   Oui, même les serveurs ☐ Non (ils essaient de se reconnaître). ☐ a.

138   Oui (l'annuaire est un répertoire téléphonique). ☐ Non (il y a une odeur de vieux tissus). ☐ Non, parce qu'il n'y a plus votre taille.

150   b (ou a).

JEUX DE SOCIETE

Les gares. 1. Lille. 2. Deauville. 3. Strasbourg. 4. Nice. 5. Rennes. 6. Bordeaux.

Paris au quotidien. Les boulevards entre la Madeleine et la Bastille ☐ Petite ceinture (Le PC est un bus qui fait le tour de Paris.) ☐ Un ticket (de couleur orange) valable un mois, permettant de prendre le bus et le métro autant de fois qu'on veut. ☐ Abréviation de « périphérique » : voie rapide qui fait le tour de la capitale.

Comprendre les sigles. Réseau express régional (réseau de métro pour la banlieue parisienne) ☐ Train à grande vitesse ☐ Régie autonome des transports parisiens (métro, autobus) ☐ Société nationale des chemins de fer français (trains).
Géographie de Paris. La Seine ☐ la Cité, Saint-Louis ☐ Montmartre, Montparnasse, la montagne Sainte-Geneviève... ☐ le Luxembourg, Palais-Royal, Monceau, les Tuileries...
Curiosités touristiques. 1. le Sacré-Cœur. 2. l'Opéra. 3. le Centre Georges-Pompidou. 4. l'Arc de Triomphe. 5. le Palais-Bourbon (Assemblée nationale). 6. Notre-Dame. 7. la tour Eiffel. 8. les Invalides. 9. le Panthéon. 10. la tour Montparnasse.
Monuments et musées. 1c, 2e, 3a, 4b, 5d.
Jour et nuit. 1h, 2g, 3e, 4f, 5d, 6a, 7c, 8b.
Les Halles. 1d, 2b, 3c, 4e, 5a.
Ces hommes politiques. 1c, 2e, 3b, 4f, 5d, 6a.
Qui dit vrai ? 1V, 2F, 3F (il y a 20 arrondissements), 4V (52 ans av. J.-C.), 5F (c'est un quartier résidentiel), 6V (en 1985).
Ce que disent les Parisiens. 1b, 2e, 3a, 4d, 5c.
Noms de rues (Hommes célèbres). G. Bizet : musicien français, XIXe ☐ Léonard de Vinci : peintre italien, XVe-XVIe ☐ V. Hugo : écrivain français, XIXe ☐ Copernic : astronome polonais, XVe-XVIe ☐ Pasteur : chimiste français, XIXe ☐ F.-D. Roosevelt : homme d'État américain, XXe ☐ J. Mermoz : aviateur français, XXe.

Boulangerie-Pâtisserie. 1c, 2b, 3d, 4e, 5a.
Un kir, qu'est-ce-que c'est ? 1b, 2e, 3d, 4a, 5g, 6f, 7c.
Vous avez choisi ? Hors d'œuvre : 3, 4, 10 ☐ viandes : 8, 9, 15 ☐ poissons : 5, 11, 14 ☐ fromages : 1, 6, 13 ☐ desserts : 2, 7, 12.
La cuisine régionale. 1b, 2d, 3a, 4e, 5c.

Télécarte. 1c, 2b, 3a.
Un coup de fil. Elle entre dans une cabine téléphonique, elle décroche le combiné et compose le numéro. « Allô, pourrais-je parler à Pierre ? — Il est absent. — Ça ne fait rien, je rappellerai. » La conversation est terminée. Elle raccroche et sort de la cabine.
Numéro de téléphone. 2, 3, 5.

Professions du cinéma. 1. T. Bazin. 2. D. Haloche. 3. A. Levasseur. 4. O. Horn. 5. M. Darras. 6. J. Simon. 7. J. Clément. 8. M. Riboux. 9. B. Bidot.

Films en salle. 3. *Double messieurs, Down by law*. 4. version originale (films étrangers sous-titrés). 5. *L'Empire des sens*. 6. J.-F. Stevenin. 7. *En direct de l'espace, L'Étoffe des héros*.
L'actrice principale. 1d, 2a, 3c, 4e, 5b.
Êtes-vous cinéphile ? 1. inventeur du cinématographe. 2. salle pour films à petit public (contrairement au cinéma commercial). 3. Godard, Truffaut, Rivette, Chabrol, Rohmer. 4. Brigitte Bardot. 5. Louis de Funès, Pierre Richard. 6. une projection d'un film en public, avant sa sortie officielle dans les salles. 7. une traduction que l'on peut lire en bas de l'image.
☐ *À nos amours* (film de Maurice Pialat).
Cinéma et littérature. 1b, 2a, 3e, 4d, 5c.

SUR LE BOUT DE LA LANGUE

Langage familier. 1c, 2a, 3f, 4b, 5d, 6e.
Quel est le sens de ces expressions ? 1d, 2e, 3a, 4b, 5c.
Expressions imagées. nez à nez ☐ coûte les yeux de la tête ☐ à l'œil ☐ jette un coup d'œil ☐ fait un clin d'œil ☐ a l'oreille.
Noms issus de verbes. un enregistrement ☐ un déguisement ☐ un costume ☐ un tournage ☐ un remboursement ☐ une plaisanterie ☐ une explication ☐ un regard.
Masculin-féminin. institueur ☐ concierge ☐ inspectrice ☐ caissier ☐ réceptionniste ☐ serveuse ☐ employé.
Accord des adjectifs. vieille ☐ ancienne ☐ nouvelles ☐ jolies ☐ brune, bleus ☐ précédents.
Double sens. A. religieuses ☐ coiffeuse ☐ modèle ☐ gitane ☐ ménage. B. modèle ☐ coiffeuse ☐ gitane ☐ ménage ☐ religieuse.
Le peintre dans son atelier. peintre ☐ atelier ☐ peindre ☐ toile ☐ chevalet ☐ modèle ☐ portrait ☐ pinceau ☐ esquisses.
Exprimer la rapidité. quatre à quatre ☐ rapide ☐ d'un trait ☐ en trombe ☐ vite ☐ soudain.
Expression du temps. depuis ☐ pendant ☐ toujours pas ☐ Au bout d' ☐ jusqu'à ☐ il y a.
Adverbes. méchamment ☐ habituellement ☐ immédiatement ☐ discrètement ☐ amoureusement ☐ horriblement.
Adverbes de temps. 1. pas encore. 2. déjà. 3. pas encore, bientôt. 4. presque. 5. déjà, pas encore. 6. bientôt, presque.
Qui, que, où. que ☐ qui ☐ où ☐ que ☐ que ☐ où ☐ qui ☐ qui, que.
En ou y ? Non, elle n'y est pas. ☐ Oui, il y travaille. ☐ Oui, vous en

prenez un. ☐ Oui, elle en joue ; non, elle n'en joue pas. ☐ Oui, elle y va. ☐ Oui, il en parle.

Style indirect. ☐ ... vous cherchez une femme qui a perdu son parapluie. Vous lui demandez si elle peut vous renseigner. Elle vous répond qu'ils ne reçoivent que des objets... pas des personnes. Des parapluies ! Elle vous dit qu'ils en reçoivent des dizaines tous les jours. Vous lui dites que celui-ci est particulier : la poignée est ornée d'une tête de crocodile. Elle vous répond qu'effectivement ce n'est pas courant et vous demande d'attendre ici un instant.

☐ L'employé vous dit que oui, mais vous prévient du bruit car la chambre donne sur la rue. Habituellement, ils la louent quand l'hôtel est complet. Vous dites que ça ne vous fait rien ; c'est celle-là que vous voulez. Il vous répond que c'est comme vous voulez...

Interrogations. 1. Que présentez-vous au portier ? 2. Où allez-vous ? 3. Que demandez-vous au réceptionniste ? 4. Comment rentrez-vous à l'hôtel ? 5. Avec qui êtes-vous en communication ? 6. Depuis quand est-ce que je travaille ici ?

Récit au passé. ... et il vous a laissé entrer. Vous vous êtes assis(e) sur un banc et avez assisté... suivaient... le prof exécutait... s'entraînaient... soulevait... avait l'air épuisé.

Futur simple. Il descendra ... se dirigera ... il y aura .. vous pourrez ... Il descendra ... vous le suivrez ... il vous amènera ... sera ... regarderont ... écouteront ... vous n'aurez pas ... entrera ... prendra ... s'arrêtera ... il se rendra ... consultera ... il ressortira ... marchera ... entrera ...

Conditionnel présent. avais, arriverais ☐ était, pourrais ☐ écoutiez, comprendriez ☐ connaissait, inviterait ☐ rencontrait, interrogerait ☐ regardais, verrais.

Conditionnel passé. avais eu, serais arrivé ☐ n'avait pas été, aurais pu ☐ aviez écouté, auriez compris ☐ avait connu, aurait invité ☐ avait rencontré, aurait interrogé ☐ avais regardé, aurais vue.

Lexique

Tous les mots et expressions sont expliqués dans leur contexte. Les numéros renvoient aux chapitres.

1 *chauve* : sans cheveux.
    mâchonner : mordre sans arrêt.
2 *repasser* : revenir.
4 *louche* : suspect, bizarre.
5 *remboursez !* : cri de mécontentement des spectateurs.
    râleur (familier) : personne mécontente qui proteste.
6 *s'empêcher de* : se retenir de.
7 *boîte de nuit* : lieu où l'on danse.
8 *RER* : Réseau express régional, métro de la banlieue parisienne.
    dissimuler : cacher.
    filature : action de suivre quelqu'un (pour le surveiller).
10 *récupérer son bien* : reprendre ce qui est à soi.
11 *filature* : action de suivre quelqu'un (pour le surveiller).
13 *l'air ravi* : en apparence content, satisfait.
    ça se laisse boire (familier) : c'est bon !
14 *avoir une faim de loup* : avoir très faim.
15 *on va éclaircir ça* : on va s'expliquer (préciser ce qui se passe).
    tenter de : essayer de.
16 *cloison* : mur peu épais, séparation.
    le nom d'un hôtel bidon (familier) : le nom d'un hôtel qui n'existe pas.
    tomber dans le panneau : tomber dans le piège.
    mener en bateau : faire croire quelque chose qui n'est pas vrai.
17 *cassoulet* : plat de haricots blancs et de viande (oie, canard, porc ou mouton).
18 *avoir l'oreille* : reconnaître facilement une voix ou un air de musique.
    ne pas être du coin : ne pas habiter ici.
    studio : petit appartement (une pièce).
    à l'œil (familier) : gratuitement.
    c'est pas donné, ça coûte les yeux de la tête (familier) : c'est très cher.
21 *dévisager* : regarder avec insistance.
22 *la gym (familier)* : la gymnastique.
    prendre congé : dire au revoir.
    bousculer : pousser brusquement.
23 *réalisateur* : personne qui dirige le tournage d'un film.
    tournage : action de filmer les acteurs.
    loge : petite pièce où les acteurs s'habillent et se maquillent.
24 *se moquer de quelqu'un* : tromper quelqu'un.
25 *ne pas avoir de pot (familier)* : ne pas avoir de chance.
    autographe : signature d'une personne célèbre.
30 *ça ne me regarde pas* : je ne me mêle pas des affaires des autres.
    fichez-moi la paix (familier) : laissez-moi tranquille !
32 *Midi* : Sud de la France.
    avoir un faible pour : préférer.
    emballer : faire un paquet.

attirer les soupçons de quelqu'un : rendre quelqu'un méfiant.
livrer : apporter une marchandise au client.
34 *colosse* : homme très grand et très fort.
appareil de musculation : appareil pour développer les muscles.
prof (familier) : professeur.
35 *regagner* : retourner dans, rejoindre.
40 *toutes les allées et venues* : tous les gens qui entrent et sortent.
42 *petit boulot* : travail temporaire.
décrocher (familier) : réussir à avoir, obtenir.
acteurs confirmés : acteurs qui ne sont plus des débutants.
45 *soutenir quelqu'un* : l'aider, l'encourager.
héberger quelqu'un : le loger chez soi.
remonter le moral de quelqu'un : lui redonner du courage, de l'énergie.
48 *se détendre* : se distraire, se reposer.
épuisante : très fatigante.
50 *être gonflé(e)* (familier) : exagérer.
une mauviette : une personne maladive, sans force, sans énergie.
se fouler la cheville : se blesser entre la jambe et le pied.
53 *Minitel* : annuaire électronique.
poser : rester immobile (pour se faire faire le portrait).
54 *tomber sur* : rencontrer soudain.
55 *prendre l'air* : sortir, faire un tour dehors.
57 *gamine* (familier) : fillette.
piquer des colères (familier) : se mettre en colère.
s'en prendre à quelqu'un : lui faire des reproches.
mettre quelqu'un à la porte : le renvoyer de son travail.
prendre quelqu'un au mot : faire immédiatement ce qu'il vient de dire.
laisser tomber : abandonner.
capture : action de faire prisonnier.
donner du fil à retordre : créer des problèmes, des difficultés.
blague (familier) : plaisanterie.
59 *pointer le bout de son nez* : sortir de chez soi.
60 *loge* : petite pièce où les acteurs s'habillent et se maquillent.
être dans le pétrin : être dans une situation difficile, avoir de gros problèmes.
61 *à tâtons* : chercher avec sa main dans l'obscurité.
interrupteur : bouton qui sert à allumer et éteindre la lumière.
62 *occasion* : voiture à vendre (qui n'est pas neuve).
ça vous regarde : ce sont vos affaires.
63 *tapissée* : couverte, recouverte.
64 *se faufiler* : se glisser entre, se faire un passage.
65 *faire des révélations* : faire découvrir ce qui était inconnu et secret.
68 *fusiller quelqu'un du regard* : le regarder avec méchanceté.
69 *monter (dans une voiture)* : entrer dans une voiture.
72 *pendule* : objet pendu à une ficelle, utilisé par une voyante pour retrouver une personne disparue.

72 *sottises* : bêtises, paroles stupides, sans intérêt .
75 *sur le pas de la porte* : devant la porte.
    chuchoter : parler très doucement.
76 *vous en avez de bonnes* (familier) : vous plaisantez !
    être à 90 : rouler à 90 km à l'heure.
77 *Midi* : Sud de la France.
79 *faire le point* : faire un bilan.
80 *un coup de fil* (familier) : un appel téléphonique, un coup de téléphone.
81 *ouvreuse* : personne qui place les spectateurs dans la salle.
    pourboire : petite somme d'argent donnée en remerciement d'un service.
83 *donner sur la rue* : avoir une fenêtre qui s'ouvre sur la rue.
    ne pas être fichu de (familier) : ne pas être capable de.
84 *l'endroit convenu* : le lieu du rendez-vous.
    les flics (familier) : les policiers.
    les privés : les détectives privés.
    impressionner : intimider.
85 *fossiles* : empreintes de l'époque préhistorique (animaux ou plantes).
    stégosaure : animal préhistorique.
86 *déserter* : quitter (un lieu).
88 *charabia* : langage incompréhensible.
89 *un café crème* : un café au lait.
90 *donner sur* : s'ouvrir sur.
    las(se) : fatigué(e).
    machinalement : de façon automatique, sans réfléchir.
    coincé : bloqué (on ne peut pas ouvrir le tiroir).
93 *filature* : action de suivre quelqu'un (pour le surveiller).
94 *poussiéreuse* : couverte de poussière, sale.
95 *studio* : petit appartement (une pièce).
    tenir au courant : informer, donner des nouvelles.
96 *stupéfait(e)* : très étonné(e), très surpris(e).
    une blague (familier) : une farce, une plaisanterie.
    jouer un mauvais tour : faire une méchante farce à quelqu'un.
97 *remboursement* : action de rendre une somme d'argent.
    bougonner : protester à voix basse.
    amputer : enlever un morceau, une partie.
    intrigué(e) : curieux(se) de connaître l'explication.
98 *le type* (familier) : l'homme.
99 *se glisser discrètement* : aller sans faire de bruit, sans se faire voir.
    faire irruption : entrer brusquement (dans un lieu où on ne vous attend pas).
    un sacré chipoteur : une personne qui fait des difficultés pour peu de choses.
100 *capricieuse* : d'humeur changeante, qui n'est jamais contente.
    (ne) te fâche pas : ne t'énerve pas, ne te mets pas en colère.
    ménager : bien traiter.
    boulot (familier) : travail.
    c'est tes oignons (familier) : c'est ton affaire.

sache : verbe savoir au subjonctif présent.
ne pas en croire ses oreilles : ne pas croire ce qu'on entend.
101 *un(e) bon(ne) à rien* : une personne qui ne sait pas faire grand-chose.
raccrocher : reposer le combiné du téléphone.
102 *consigne automatique* : coffre où sont déposés les bagages (dans une gare).
103 *dormir comme un loir* : dormir très profondément.
104 *modèle* : personne ou objet d'après lesquels le peintre travaille.
tenir beaucoup à quelque chose : ne pas vouloir s'en séparer.
inconvénient : ennui, désavantage.
106 *paléontologie* : science des fossiles.
107 *remonter le moral* : redonner confiance, du courage, de l'énergie.
108 *chevalet* : ce qui sert à poser un tableau.
collègue : personne ayant la même profession qu'une autre.
109 *colosse* : homme très grand et très fort.
empoigner : saisir avec force.
sans ménagement : violemment.
110 *s'en vouloir* : être en colère contre soi-même.
les traits tirés : le visage fatigué.
111 *rouiller* : s'abîmer.
114 *loge* : petite pièce où les acteurs s'habillent et se maquillent.
tapissée : couverte, recouverte.
coiffeuse : petite table avec un miroir (pour se coiffer et se maquiller).
penderie : meuble où l'on range les vêtements.
indice : indication, information utile.
115 *galerie marchande* : ensemble de magasins.
magasin de Hifi : où l'on vend du matériel audiovisuel.
vitrine : espace où l'on expose les produits à vendre.
116 *la critique* : les journalistes qui commentent les œuvres artistiques.
être au courant : savoir, être informé.
118 *faire l'innocent* : faire semblant de ne pas comprendre.
122 *jeter un œil* : regarder rapidement.
124 *trajet* : le chemin parcouru pour aller d'un lieu à un autre.
125 *séance de pose* : temps passé pour faire le portrait.
modèle : personne dont on fait le portrait.
126 *inconvénient* : côté négatif, désavantage.
se déconcentrer : ne plus être attentif à ce qu'on fait.
127 *picoter* : piquer légèrement.
dramatiser : exagérer (aspect négatif)
laisser tomber quelqu'un : le quitter.
130 *concierge* : gardien(ne) d'un immeuble.
loge : logement situé à l'entrée d'un immeuble (où habite le gardien).
131 *à tâtons, interrupteur* : cf. notes n° 61.
132 *gauloise* : marque de cigarettes (tabac brun).
faire la grimace : montrer son mécontentement.
136 *dissimuler* : cacher.

136 *vampire* : personnage légendaire qui se nourrit de sang humain.
trinquer : cogner légèrement son verre contre un autre avant de boire.
loup-garou : monstre moitié homme, moitié loup.
gitane : bohémienne d'Espagne.
138 *naphtaline* : produit utilisé contre les mites (insectes).
rétro : qui a l'air ancien.
Gaulois : habitant de la Gaule (nom donné à la France sous l'Antiquité).
pierrot : personnage de la comédie italienne.
sorcière : personne qui pratique la magie (souvent représentée comme une femme vieille, laide et méchante).
alpiniste : personne qui pratique l'ascension en montagne.
mousquetaire : soldat du roi de France (aux XVIIe et XVIIIe siècles).
torero : homme qui combat les taureaux dans une arène.
139 *ne pas inspirer confiance* : inquiéter.
141 *tentative* : essai.
142 *s'introduire* : entrer, pénétrer.
quatre à quatre : très vite.
vous avez eu chaud : vous avez eu peur.
143 *à jeun* : sans avoir mangé avant.
144 *studio* : petit appartement (d'une pièce).
minichaîne stéréo : ensemble haute fidélité qui permet d'écouter de la musique.
répondeur : appareil branché sur son téléphone qui permet d'enregistrer un message pendant son absence.
recoins : endroits les plus cachés, les moins visibles.
145 *faire des révélations* : dire des choses que personne ne sait jusqu'à présent.
accorder un entretien : accepter d'avoir une conversation avec quelqu'un.
se débrouiller : réussir à faire tout seul ce que l'on veut.
146 *bousculer* : pousser brusquement.
être gonflé(e) (familier) : exagérer.
empoigner : saisir avec force, violemment.
une mauviette : une personne petite et faible.
enfler : grossir, prendre du volume.
se fouler la cheville : se blesser la cheville (entre la jambe et le pied).
147 *remords* : regret.
histoire de cœur : histoire d'amour.
148 *être mort de fatigue* : être très fatigué.
149 *ronfler* : faire du bruit en dormant.
dégringoler : tomber.
sirène : klaxon (qui émet un son à intervalles réguliers).
ambulance : voiture dans laquelle on transporte les blessés.
150 *précipitamment* : rapidement, très vite.
hurler : crier très fort.
démarrer en trombe : commencer à rouler de façon rapide et brusque.
152 *rester perplexe* : ne plus très bien savoir quoi faire.
153 *térébenthine* : essence utilisée pour mélanger la peinture à l'huile.

153 *toile* : tableau.
   esquisse : dessin d'étude (avant la réalisation d'un tableau).
   verrière : grande surface vitrée.
   maculée : salie.
   chevalet : support sur lequel on pose un tableau.
   amateur : qui a du goût (pour), qui s'intéresse (à).
154 *parcourir* : lire rapidement.
155 *paléontologie* : science des fossiles.
   dinosaure : animal préhistorique.
   fossiles : empreintes de l'époque préhistorique (animaux ou plantes).
157 *scène de ménage* : dispute entre époux.
   tromper sa femme : fréquenter une autre femme que la sienne.
   indice : indication, information utile.
158 *arlequin* : personnage de la comédie italienne.
160 *palier* : à chaque étage d'un immeuble, entre deux escaliers.
162 *avoir l'air sincère* : donner l'impression de dire la vérité.
163 *caniche* : petit chien à poils frisés.
165 *gitane, gauloise* : cigarettes françaises (tabac brun).
166 *ne pas être très rassuré(e)* : être inquiet(ète).
   velours : tissu épais.
167 *type* (familier) : homme.
   intriguer : inquiéter.
   sonné (familier) : assommé, étourdi.
   côtes : os formant le thorax.
168 *loge, tâtons, interrupteur* : cf. notes n° 60 et 61.
169 *révoltant* : inadmissible, que l'on ne peut accepter.
   censurer : interdire (en totalité ou en partie) une publication ou un spectacle.
   caractère névrotique : caractère d'une personne atteinte de troubles mentaux.
   avoir du talent : être doué pour.
   cinéphile : personne qui aime le cinéma.
170 *metteur en scène* : personne qui dirige les acteurs.
   se ficher de (familier) : ne pas faire attention à, ne pas se soucier de.
   le septième art : le cinéma.
172 *prospectus* : document publicitaire distribué dans la rue.

les publications de l'Alliance française
animées par Louis Porcher

COLLECTION
à vous de lire
Ph. Greffet, L. Porcher

Le plaisir de lire et d'écouter les grands textes de la littérature française.
- livre et cassette
- plusieurs titres parus

COLLECTION
débats
Ph. Greffet, L. Porcher

Le point sur les grands problèmes actuels de la diffusion du français.
- enseigner-diffuser le français : une profession (paru)
- le français et la modernité *En préparation*

escale à Paris
J. Moreau

Livret d'activités et d'entraînement pour se distraire en travaillant (littérature, civilisation...).

COLLECTION
la vie au quotidien
En préparation